Cinq petits contes en français

フランス語で楽しむ
世界昔ばなし

西村亜子＝フランス語
坂田雪子・加藤美季子＝日本語

IBC パブリッシング

装幀・イラスト ＝アサイレイコ

協　　力 ＝クリスチーヌ佐藤
　　　　　〈チーム白百合〉　大杉美由紀　小川実優　木原千惠　輿石せりか　昆ゆみ　吉田怜美
　　　　　　　　　　　　　石森絵里香　林亜幸子　米田祥子　小原花　小城智子　中田美咲
　　　　　　　　　　　　　益邑沙季（青山学院大学大学院）

コーディネート ＝高野　優

ナレーター ＝Philippe LACUEILLE

はじめに

「わかる」とは何か？

　皆さんは授業などで「勉強」として、フランスの新聞を読んだことがあると思います。そして、その時に、同じ新聞社の記事でも「わかりやすい」ものと「わかりにくい」ものがあることに気がつかれたことと思います。これはいったい、どういうことなのでしょう？

　同じ新聞社の記事ですから、フランス語のレベルがそう違うわけではありません。それなのに、どうして「わかりやすさ」に差が出るのか？　それはその記事の内容をすでにこちらが知っているかどうかで、「わかりやすさ」が違ってくるからです。たとえば、ある事件の詳細を日本のテレビや新聞ですでに知っている場合、その事件について書かれたフランス語の新聞記事は「わかりやすく」なります。あるいは、そのフランス語の記事が日本について書かれているものであれば、その記事もやはり「わかりやすく」なるでしょう。

　内容について、すでに知っているかどうか、これが「わかりやすさ」のひとつのポイントです。これは日本語の新聞を読む時のことについて考えてみてもわかりますね。知っていることについて書いてある記事を読む場合と、知らないことについて書いてある記事を読む場合とでは、「わかりやすさ」に大きな開きがあるのです。

「何が書いてあるか」わかっているものを読む

　フランス語で書かれた文章を読む時、読者はその文章を理解するために、ふたつのことを同時に行っていきます。ひとつは「語学的」に理解すること、もうひとつは「内容的」に理解することです。このふたつの理解には段階があって、第一段階で「語学的」に理解できなければ、第二段階に進んで「内容」を理解することはできません。また、第一段階で「語学的」に理解したとしても、第二段階で「内容」を理解できなければ、わかったことにはなりませ

ん。先程述べたように、日本語の新聞を読む時でも、知らないことについて書かれた記事が「わかりにくい」のは、そういうことです。「語学的」にわかっても（日本語の新聞ですから、語学的にわかるのはあたりまえですね）、「内容的」にわからないケースは、よくあることなのです。

　本書は皆さんが子供の時から絵本を読んだり、お話を聞いたり、アニメで見たりして、比較的よく知っている世界の昔ばなし——「金の斧」「ジャックと豆の木」「三匹の子豚」「白雪姫」「ヘンゼルとグレーテル」をフランス語で書きおろしたものです。したがって、これを今の話にあてはめて言えば、皆さんは第二段階の「内容的」理解がかなりできた状態で、このフランス語の昔ばなしを読むことになります。そうなったら、本書が「わかりやすい」ものであることはご理解いただけますね。「わかる＝語学的理解＋内容的理解」なのですから、内容が理解できていることで、すでに半分はわかっている状態から始められるのです。

「本書のメリット」

　そして、これがフランス語の教材として本書の優れたところなのですが、上にも書いたように、フランス語で書かれた文章を理解できるようにするには、普通、第一段階の「語学的理解力」を高めてから、第二段階の「内容的理解力」を高めるというやり方をするのですが、本書の場合は、第二段階の「内容的理解」がかなりできている状態で、五つのお話を読むことになります。つまり、皆さんは、このお話を理解するのに、純粋に「語学的」な側面だけに集中できるのです。これはものすごく楽です。本書はもともとやさしいフランス語で書かれていますから、「語学的」なポイントを理解したあとは、まるで日本語を読むようにすらすらと読めることでしょう。内容がわかっているものを読むメリットはそこにあります。だから、本書を手にとって、「これは内容的によく知っていることだから、読んでもつまらない」と考えるのはまちがっています。逆に、よく知っている内容だから、「語学の勉強」に役立つのです。

もうひとつ、本書のメリットをあげると、それはフランス人のネイティブであるラキュイユ・フィリップ氏が朗読したCDが入っていて、また白百合女子大学の西村亜子先生による「音読のつぼ」もあるので、読むだけではなく、聴いてフランス語がわかるようになることです。耳から入ったり、口に出したりすると、言葉は覚えやすく、そうやって覚えたものは、必要な時にすぐに出てきます。そして、ここでもまた「すでに内容が理解できているということ」が大きな効果を発揮します。音読する時に、内容がよく理解できていれば、なおさら覚えやすくなるからです。

　フランス語の文章は、小学校から高校までフランスにいらして、フランス語はネイティブに近い西村亜子先生に「フランス語で世界昔ばなしを書くなら、これだ！」というものを書いていただきました。その時に、白百合女子大学のクリスチーヌ佐藤先生にご協力いただいています。また、日本語訳のほうは翻訳家の坂田雪子氏と白百合女子大学の加藤美季子先生、それから白百合女子大学の大学院の卒業生、そして現在大学院で授業を受けていらっしゃる皆さんによる「チーム白百合」にお願いしました。坂田氏には翻訳チームのアンカーとして、原文のフランス語を「語学的」「内容的」に理解したうえで、「原文に書いてあること」を日本語として一番自然なかたちで伝えていただきました。したがって、「語学的」な訳ではありません。ひと言、お断り申しあげておきます。

　というわけで、本書の目的は「あらかじめ内容のよくわかっているものを読むことによって、語学力を高めていただく」ことです。でも、その一方で、「白雪姫」、「ヘンゼルとグレーテル」などでは、細かいところで、「あれ、このお話って、こういう展開だったの」というあらたな発見があるかもしれません。そういったところも楽しんでいただけると幸いです。

　本書が皆さんの学習に役立つことを願って。

　　　　　　　　　　　　　　　　　　　フランス語翻訳家　高野 優

音読によって、頭の中にフランス語回路をつくる!

　音読は、テキストを読むことで「目」を、声に出すことで「口」を、自分が音読した声を聞くことで「耳」を使っています。脳のメカニズムからも、より多くの感覚を使った方が、記憶力が良くなることがわかっています。

　音読は脳のウォーミングアップになり、学習能力が高まります。前頭前野を全体的に活性化させる音読には、抜群の脳ウォーミングアップ効果があり、脳の学習能力、記憶力を高めるという実証済みのデータがあります。

 リスニング力強化

　以下の手順で、トレーニングを行ってください。音読によるフランス語回路の育成が、リスニング力の向上につながることが実感できるはずです。

CDを聴く

　本書に付属のCD-ROMには、それぞれの話を通しで収録したものと、1話の中で段落や会話の区切りといった、短いトラックごとに音声ファイルを分けたものがあります。まず、1話を通しで聴いて、どの程度理解できるかを確認してください。

日本語訳の音読

　日本語訳を、内容を理解しながら音読しましょう。

細かいトラックごとにフランス語の文の音読

　トラックごとに短く分けられた音声ファイルを使って、フランス語の文を目で追いながら、単語の発音を確認しましょう。次に、そのトラックのフランス語の文を音読します。このフランス語の文の音読を最低で3回は繰り返してください。

フランス語の文を音読する際に大切なことは、気持ちを込めて意味を感じながら声に出すことです。登場人物になりきって、魂を込めて音読すると、身体に染み込む度合いが高まります。

4 通しで聴く

　再度、1話を通しで聴いて、どの程度内容を理解できるようになったかを確かめてください。

5 トラックごとに聴き直す

　4で理解しづらかったトラックのファイルを再度聴き直し、さらに音読を繰り返してください。フランス語がはっきり、ゆっくりと聞こえてくるようになるはずです。

トレーニングメニュー応用編　読む、話す、書く力の強化

　基礎編の後に以下のトレーニングを加えることで、リーディング力・スピーキング力・ライティング力を高めることができます。

● フランス語の文の黙読でリーディング力アップ

　フランス語の文を声に出さずに、なるべく速く黙読します。

　目をフランス語の文の途中で止めたり、戻ったりせずに、左から右に流れるように動かしながら、フランス語の文の内容を理解していきます。

● シャドウイングでスピーキング力アップ

　シャドウイングとは、テキストを見ずに、聞こえてきたフランス語をわずかに遅れながら話していくトレーニングです。影のようについていくことから、シャドウイングと呼ばれています。英語の習得によく使われている方法です。

本書の使い方

　短く分けたトラック・ファイルを順番に流しながら、そのファイルごとにシャドウイングに挑戦してみましょう。意味を理解しながら、CDに遅れずに話すことが目標です。

● **フランス語文の速写でライティング力アップ**

　トラックごとに、テキストを見ながら音読し、次に、テキストを見ずにフランス語の文を声に出しながらノートに書きます。できれば筆記体を最初に身につけておくと素早く書けるようになります。

　「話すように書く」のがライティングの基本です。声に出すことで、身に付いたフランス語のリズムを助けとすることができ、さらに書くことによって、語彙・文法が定着してきます。特に会話を主体に勉強してきた方には物語（書き言葉）特有の時制である直説法単純過去形の役割がクリアになるでしょう。

　以上のようなトレーニングを繰り返せば、フランス語回路が育成され、フランス語力が高まっていきます。

音読のつぼ

　以下は各物語を音読をするとき、読み聞かせをするときに気をつけておきたい共通点です。これらのつぼを認識しながら、声に出すことであなたのフランス語はさらにネイティブスピーカーに近づきます。物語ごとの音読のつぼは各ページ下にあります。

つぼ その1

　不思議なことに、なぜか日本人は「英語＝外国語」⇒「英語が苦手＝外国語が苦手」という意識があります。英語が苦手だからフランス語なんて…という図式はありえません。まず、「大丈夫！できる!!」という意識を持ってください。それに実際、英語よりフランス語の方が、フランス語よりス

ペイン語の方が日本人には発音しやすいのです。

 ということで、すべてにおいて英語に引きずられないでください。当たり前のことなのですが、フランス語は綴り字が似ていても、発音は全く別の外国語なのです。それに文法や綴り字の法則が比較的新しい言語ですから、規則さえ覚えてしまえば初見のテキストも読めるのが魅力です。例外もありますが、数は多くありません。本書でも例外は各ページ下に記してありますので安心してください。

つぼ その2

 「まず、腹式呼吸で声をだすこと（イメージとしては、顔の70センチ前に声を届かせる感じで）＆「思い切って、顔・体全体を使って発音すること」。

 フランス語の発音は英語より日本語に近いのですが、体全体の筋力を必要とします。本書の目的は物語を楽しみながら「聞き取れたフランス語の発音」を「発話するための筋力トレーニング」と思ってください。日本人が話す時にフランス人が聞き返すことがあるとしたら、それは発音が悪いのではなく、物理的に聞き取れないことが多いのです。ですから、皆さんはお腹の底から口の外へ顔の筋肉を使って押し出す感じを意識して滑舌よく発音してください。

 背筋をぴんと伸ばし、顔をあげ、舌の位置（口のなかで英語のようにヒラヒラと"そよぎ"ません）や、顔のどの部分の筋肉を使っているか、をつねに意識してください。大きな声を出そうとするより、通る声・クリアな発音を心がけましょう。さもないと不必要に大きな声を出そうと、喉を傷めることにもなりかねません。

 ジェスチャーも感情表現に重要なポイントとなります。声がなかなか出なかったら、手を使って、前に声を押し出してみましょう。子供への読み聞かせ、と思って、登場人物の気持ちを考え、その人物になりきって演じてみてください。恥はどっかにポイッと投げ捨てください。これが上達の秘訣ですよ。

つぼ その3

　単語ひとつひとつの正確な発音も大事ですが、むしろ、ないがしろにしがちなのが、フランス語のリズム・イントネーションです。日本人はどちらかというと、こちらが苦手なようです（そうはいっても、こちらも一文の中での高低差は英語ほど難しくありません）。まず、最初は音源と句読点の関係、そして息継ぎの箇所をチェックしてみてください。スピードよりも、リズム・イントネーションを最重視！　スピードは後からついてきます。

つぼ その4

　日本人がなぜか「最大の難関」と思い込んでいるのがrの発音です。まずこの苦手を取り除いてから始めましょう。

［１］フランス語にはない、「は・ひ・ふ・へ・ほ」のかわり

- まず口を「ぱかっ」と大きく開け、舌の先は下の歯茎の裏につけたままにしてください。
- その状態で息を吐きながら「は・ひ・ふ・へ・ほ」と言ってみてください（注：口と頬の形はそれぞれの音の形に変化させてくださいね。舌は動かさずに！）。喉の奥で摩擦音がしますね。これで十分です。イメージとしては、あつあつのじゃがいもをつまみ食い（失礼！）して、舌が動かせず、熱くて喉の奥からはふはふしてしまった感じです。また日本人がrが含まれる音をfやgと間違えるのも日本語ではそれが近い音に摩擦音や喉の奥の音に聞こえてしまうため、ということもヒントにしてください。

［２］3種類の役割を覚えておく

　　　gargariser（うがいする）という単語で覚えて練習しましょう

- 最初のrはその前の母音のaをのばして発音する感じです。gar-（がー r）
- 次のrは「r本来の音」というべきでしょうか。-ri-（「ひ」に近い摩擦音）
- 最後のrは直前のeを「え」と読ませる綴り字の法則によるものなので、r本来の音にはなりませんし延ばして発音したりもしません。

［3］子音字と組み合わせたrは子音字を意識しましょう

réfrigérateur（冷蔵庫）trois（3）proie（獲物）で練習しましょう

- 口その他をrの前の子音字の発音の形にしてください。

  réfrigérateurならfの母音なし（「ふ」だと「う」の音が入っていますよね？）つまり、唇をわずかにあけた感じです。そのあとに-ri-と言って、摩擦音を出します。rの後の母音を強めに言うのがポイントです。難しかったら「母音」、「r＋母音」、「子音字＋（r＋母音)」という風に練習してみましょう。

つぼ その5

原則として、フランス語では最後の子音字は読みません。Alphabetは英語では"アルファベット"ですが、フランス語では"アルファベ"と読みます。

例外は基本、次の5文字です：c, f, l, r, q

例えばChef（シェフ），avec（アヴェック），ciel（すぃえる），coq（コック）など、なるほど、読まれますね。私は教員の先輩から「この例外字は"Q CaReFuL（Qに気をつけて！)"って学生に教えるといいよ！」と教わりました。なるほど！

つぼ その6

- 頭の中にそもそも入っていない音は再現できません。ですからたくさん聞いてください。
- 頭の中に入っていても、体のどこをどう使えば、その"新しい音"が出るのかがわかっていなければその音を正確には再現できません。そのためには、その音に一番近い「自分の知っている日本語の音」を出発点にして、どんどん"フランス語らしい音"に近づけていってください。そして必ず"自分の体のどこを使っているか"を意識してください。
- 1回できたらしめたものです。あとは再現回数を増やすのみ。そのためには筋力トレーニング＝練習あるのみです!! Bon courage!!!

【付属 CD-ROM について】
本書に付属の CD-ROM は MP3 形式になっており、
パソコンや MP3 プレーヤーで聴くことができます。
音声の転送・再生につきましてはお使いの機器の
説明書をご参照ください。
※このディスクは CD プレーヤーでは使用できません。

収録時間 1 時間 26 分 31 秒

目次

はじめに 3
本書の使い方 6

金の斧 15
Le bûcheron et Hermès
覚えておきたいフランス語表現　24

ジャックと豆の木 27
Jack et le haricot magique
覚えておきたいフランス語表現　46

三匹の子豚 49
Les trois petits cochons
覚えておきたいフランス語表現　62

白雪姫 65
Blanche-Neige
覚えておきたいフランス語表現　94

ヘンゼルとグレーテル 97
Hansel et Gretel
覚えておきたいフランス語表現　130

ワードリスト 133

Un jour, au fond d'une profonde vallée, un bûcheron coupait du bois au bord d'une rivière aux courants rapides. Soudain, ses mains glissèrent et le bûcheron laissa tomber sa cognée dans la rivière. Comme il était très pauvre, il n'avait que cette cognée comme gagne-pain. Alors, ne sachant que faire, il s'assit sur la berge et se mit à pleurer.

Le dieu Hermès apparut et lui demanda pourquoi il pleurait tant. Le bûcheron, frappé de stupeur mais ravi aussi, expliqua son malheur. Hermès, ayant appris la cause de sa tristesse, le prit en pitié.

Il plongea dans la rivière, en rapporta une cognée d'or et lui demanda :

« N'est-ce pas cette cognée que tu as perdue ?

— Oh, que non, ma cognée n'est pas aussi bien faite ! » répondit le bûcheron.

gn は「ぐぬ」系の詰まった音ではなく、「にゃ」「にぃ」「にゅ」といったやわらかい系の音になります。ですから、cognée「こーにぃえ」、gagne-pain「がーにゅーぱん」。berge は「べrるじゅ」と「しゅわ」とした口を丸くした音に濁点を付けた感じです。くれぐれも「ぢゅ」にならないように。h（あっしゅ）は基本、"書かれていないもの"として扱ってください。ですから Hermès「エルメス」、malheur「まるぅー」と読みます。よく文法書で"有音の h・無音の h"とありますが、これは"発音する・しない"の問題ではなく、"子音字として扱うかどうか"ぐらいだと思ってください（『ジャックと豆の木』の p.30, p.42 参照）。

昔々のある日のこと、谷あいの奥深くで、きこりの男が木を切っていました。そのすぐ横では、川がごうごうと流れています。と、不意に手が滑り、きこりは斧を川に落としてしまいました。貧しい暮らしで、仕事道具はこの斧しかないというのに……。〈いったいどうすればいいのだろう〉きこりは川べりに座りこみ、泣きだしてしまいました。

　そのとき、神さまが現れました。ヘルメスという神さまです。ヘルメスはきこりに「どうしてそんなに泣いているのか」と尋ねました。目の前に神さまが現れたので、きこりはびっくりしましたが、これはたいそう喜ばしいことでもありました。そこで、「こんなことがあったのです」とヘルメスに事情を説明をしました。ヘルメスのほうは、きこりが泣いていたわけを知ると、何ともかわいそうに思いました。
　そこで川に潜ると、金の斧を手に再び現れ、こう尋ねました。
「おまえが落としたのはこの斧ではないのか？」
「いえいえ、ちがいます。私の斧はそんな立派なものではありません」きこりは答えました。

Hermès lui sourit, et plongea de nouveau. Il revint cette fois avec une cognée d'argent.

« Alors, n'est-ce pas cette cognée-là que tu as perdue ? demanda-t-il à nouveau.

— Oh, que non, mon bon Hermès, ma cognée est beaucoup plus misérable que celle que vous tenez. »

Hermès lui sourit sans rien dire, et plongea une troisième fois. Il revint cette fois avec la cognée de fer du bûcheron.

« Alors, est-ce celle-ci que tu as perdue ? demanda-t-il.

— Oh, oui, oui ! C'est bien ma cognée ! Oh ! je ne sais comment vous remercier ! Merci ! Merci ! Vous m'avez sauvé ! » Le bûcheron sauta de joie. Il remercia maintes fois Hermès, du fond du cœur.

ヘルメスはほほえむと、再び川へと消えました。そして今度は銀の斧を手に現れて、また尋ねました。
「では、おまえが落としたのはこの斧か？」
「いえいえ、ヘルメス様、私の斧はヘルメス様がお持ちのものより、ずっとみすぼらしい斧なのです」

　ヘルメスは黙ってほほえむと、三たび川へと消えました。そして今度こそ、きこりが落とした鉄の斧を持って現れました。
「では、おまえが落としたのはこの斧か？」

「はい、そうです！　それが私の斧です！　ああ、なんとお礼を申し上げればいいのでしょう。ありがとうございます。本当にありがとうございます。ヘルメス様のおかげで救われました」
　きこりは小躍りして喜びました。そして、心の底から何度もヘルメスにお礼を言いました。

Alors Hermès, charmé de sa probité, lui dit :

« Bûcheron, tu es bon. Je veux que tu sois récompensé pour ton honnêteté. Tiens, non seulement je te rends ta cognée, mais prends aussi les deux autres, elles sont à toi. » Il lui donna alors celles en or et en argent puis disparut.

L'honnête bûcheron ne comprit pas d'abord ce qui s'était passé. Mais en voyant et en touchant les trois cognées qui se trouvaient devant lui, petit à petit, il réalisa qu'il n'avait pas rêvé. Il remercia encore Hermès, prit les cognées et rentra chez lui.

Revenu à la maison, il conta son aventure à sa femme et à ses enfants. Il ne fallut pas beaucoup de temps pour que l'histoire se répandît dans tout le village.

音読のつぼ

e は基本的には「う」と読みます。まずこれと、動詞の活用の3人称複数の時の -ent の時、「おん」と読まずに「う」、と読むということを頭に入れてしまいましょう。そのうえで、① e にアクサン記号がついている時は「え」(他の字の時には発音には関係ない)。(→ p.22 に続く)

そんなきこりの正直な姿に嬉しくなって、ヘルメスは言いました。
「きこりよ、おまえは正直者だ。その正直な心に私はぜひともほうびをとらせたい。さあ、おまえの斧を返してやろう。だが、それだけではないぞ。この二つの斧も受け取るがいい。三つともおまえのものだ」こうして金の斧と銀の斧をきこりにとらせると、ヘルメスはいなくなりました。

　正直者のきこりは、初めのうち、何が起こったのかよくわかりませんでした。けれども、目の前にある三つの斧を眺めたり、三つの斧に触れたりしているうちに「これは夢ではない」というのが少しずつわかってきました。そこで、もう一度ヘルメスにお礼を言うと、三つの斧を持って家へと帰っていきました。

　家に戻ると、きこりはこの不思議な出来事を妻と子どもたちに話しました。ほどなくして、話は村じゅうに広まりました。

Parmi les voisins, il y en avait un qui était lui-même bûcheron et particulièrement envieux. Il se mit en tête d'en obtenir autant. Alors, un matin, il se rendit au bord de la rivière, lança à dessein sa cognée dans le courant, puis s'assit sur la berge en pleurant à grands cris.

Hermès lui apparut à lui aussi, et demanda la cause de son tourment. En apprenant le sujet de ses pleurs, il plongea dans la rivière et lui rapporta aussi une cognée d'or, et lui demanda :

« N'est-ce pas cette cognée que tu as perdue ? »

Et le sournois bûcheron, tout joyeux, s'écria : « Oui, oui ! C'est bien la mienne ! »

Mais le dieu, ayant horreur de tant d'effronterie, non seulement garda la cognée d'or, mais il ne lui rendit même pas la sienne, et disparut, sans rien dire.

Cette fable montre que, autant les dieux sont favorables aux honnêtes gens, autant ils sont hostiles aux malhonnêtes.

(p.20 から続く→) ② e の後に子音字がふたつ続いている場合も「え」と読む。③ e の後に c, i, f, l, r, s, t, x, y, z が続いている場合も「え」と読む。このくらい大まかにとらえ、どんどん、音読の練習をしていってください。

さて、村人の中には、ほかにもきこりが一人いました。ただし、こちらはずいぶんと欲張りな男です。正直者の話を聞くと、男は「おれだって金や銀の斧を手に入れてやる」と考えました。そしてある朝、川のほとりに向かい、自分の斧をわざと川に投げ入れました。それから、川べりに座ってわあわあと大声で泣きました。

　すると、男の前にもヘルメスが現れ「どうしてそんなに悲しんでいるのか」と尋ねました。やがて泣いていた理由がわかると、ヘルメスは川に潜り、金の斧とともに現れて言いました。
「おまえが落としたのはこの斧ではないのか？」
　腹黒い男は大喜びで叫びました。
「そうです、そうです！　それが私の斧です！」
　けれども、男があまりにぬけぬけと嘘をつくことに腹を立て、ヘルメスは金の斧を与えるどころか、男の斧を拾ってやるのもやめてしまいました。そして、何も言わずにいなくなってしまいました。

　このお話を読むとわかるでしょう。神さまは正直な者には優しい態度を示されますが、それと同じくらい、嘘をつく者には厳しい態度をお示しになるのです。

覚えておきたいフランス語表現

① Comme S+V 「〜なので」

> Comme il était très pauvre, (...) (p.16, 5行目)
> 彼はとても貧しかったので(…)

　Comme にはいろいろな意味があります。この文にさえ 2 つの意味がありますね？（②参照）
　文頭で使われる場合はこの文の時のように"理由"や"原因"を、文末に感嘆符がついている時は感嘆文を導入することが多いです。よく日本語の「それで・だから」の感覚でDoncを使う方がいらっしゃいますが、ここの用法のCommeや、③や⑥の表現に出てくる Alors を使った方が自然な言い回しになるケースが多いでしょう。

　　［例文］Comme il est gentil (méchant) !
　　　　　なんて親切／意地悪な人だろう！

② comme 〜 「〜として」

> (...) il n'avait que cette cognée comme gagne-pain.
> (p.16, 5行目)
> お金を稼ぐ手段として、その斧しか持っていませんでした。

　この場合、後に来る名詞は無冠詞です。gagne-painは直訳すると「パンを稼ぐためのもの」。まさしく「飯のタネ」ですね。

③ n'est-ce pas 「〜ではないか」

> Alors, n'est-ce pas cette cognée-là que tu as perdue ?
> (p.18, 3行目)
> では、お前が失くしたのはこの斧ではないのか？

　C'estの否定疑問文形ですが、相手の同意を促す時にも使われます。

　　［例文］Tu m'avais dit que tu aimais le chocolat, n'est-ce pas ?
　　　　　まえに、チョコレート好きだって言ってたよね？

④ du fond du cœur 「心から」

> Il remercia maintes fois Hermès, du fond du cœur.
> （p.18, 下から2行目）
> きこりは何度も何度も心からヘルメス神に礼を述べました。

　どちらかというとスピーチや書き言葉に属する言葉になりますが、かといって日常生活でも使わないというわけではありません（お誕生日や謝罪の時、愛の告白の時など♡）。所有形容詞を使って du fond de mon cœur などバリエーションもあります。

⑤ Non seulement S+V, mais S+V
　「～するだけでなく～も」

> Tiens, non seulement je te rends ta cognée, mais prends aussi les deux autres, elles sont à toi. （p.20, 3行目）
> よし、お前の斧を返すだけではなく、他の2丁もやろう。受けとるがよい、お前のものだ。

　この表現では文頭の Tiens にも注目してください。Tenir の命令法で、Tiens と Tenez の両方が使われます。枕詞として使用され、ここでのように「よし」、「ほら・そら」とか「そういえば」など用途は多様です。

覚えておきたいフランス語表現

⑥ **Alors**「そこで・そうして」

> Alors, un matin, il se rendit au bord de la rivière, lança à dessein sa cognée dans le courant (...) （p.22, 3行目）
> そこで、ある朝、欲深なきこりは川のほとりに行き、わざと自分の斧を投げ入れました。

　①でも説明しましたが、comme 同様、あいづち、枕詞、うながしなど、多種多様な使われ方をするのがこの Alors です。前後の文脈がないと、意味が取れない語のひとつです。電話での Allô！（もしもし！）と間違えないように！

コラム「ヘルメスのバッグ？　エルメスのバッグ？」

　高級バッグで有名なエルメスは、もともとは馬具屋さん。自動車や飛行機が発明され、一般に広まっていく中、移動手段としての馬や馬車が廃れていくことを感じ取り、馬具職人たちの技術を高級バッグ、お財布、手袋づくりに生かしていったのはみなさまご存知の通りです。アメリカでファスナーが発明されると、いち早く、それをバッグやお財布に取り入れたのもエルメスでした。ちなみにその便利さに眼をつけ、衣服に取り入れようとしたココ・シャネルがファスナーの扱いの教えを乞うた先もエルメスだとか。

　現在もバッグやスカーフを売る店である前に、世界最高級の馬具店であるエルメスですが、店名は初代店主の苗字からつけたもので、「エルメスのバッグ」は un sac de chez Hermès または un sac de la maison Hermès となります。

　この Hermès の語源を遡ると、ギリシャ神話の商いや旅人を守る神様の名前でもありますから、馬具店の名前には偶然とはいえ、ぴったりですね。英語読みだと H を読んで「ヘルメス」ですが、ローマ神話に"輸入"されると、まったく痕跡が残らない Mercure メルキュール（フランス語読みです。以下、同様）となってしまいます。

　他の有名なオリンポスのギリシャ神たちもそれぞれ改名します。ゼウスはジュピター（Jupiter）に、アフロディテはヴェニュス（Vénus）、クロノスはサテュルヌ（Saturne）という具合。これは後に、当時それぞれの神（あるいはその神の象徴とされた天体）を祝う日の名前＝週の名になっていきます。例えば「日＝dies」なので、月の神の日＝Lune＋di で、Lundi＝月曜日、メルキュール神の祝い日 Mercure＋di で Mercredi＝水曜日、ヴェニュス神の日は Vénus＋di で Vendredi＝金曜日となるのです。もう皆さん、お気づきですね。そう、当時の人々の観測できた天体にもぴったり合っています。当時の天体観測の技術の高さとイマジネーションのすごさに Chapeau！です。

J01

Il était une fois une veuve qui vivait dans une petite ferme avec son fils Jack. Ils travaillaient dur tous les deux et ils étaient très pauvres. Ils connurent des jours de plus en plus difficiles. La mère de Jack décida de vendre le seul bien qui leur restait : une vieille vache.

La mère fit des recommandations à son fils avant de l'envoyer au marché : « ①Jack, ne te laisse pas faire, quand tu la vendras. Demande au moins dix pièces d'argent. Tu as bien compris ? »

J02

Jack partit au marché, emmenant la vache au bout d'une corde. En chemin, il rencontra un petit vieillard, qui marchait tout courbé avec un bâton.

« Bonjour, jeune homme, dit le petit vieillard. Où vas-tu donc avec cette vache ?

— Bonjour monsieur, répondit poliment Jack. Je vais la vendre au marché, et j'espère en tirer un bon prix !

音読のつぼ

ai は「え」ですが、ail / aille の時は、il / ille が"優先権"を持っている、と考えてください。ですから「あいゆ」と読みます(ニンニク ail にトレマ＝母音字を独立して読ませるアクサン記号がないのもそのせいです)。vieille の場合は発音上しにくいので例外になります。plus en plus の最初はリエゾン、最後の s は読みませんので「ぷりゅざんぷりゅ」。e のあとに子音字がふたつ続くと「え」ですが、これは例外で「あんむなん」と読みます。

昔々、ジャックという男の子がお母さんと二人で暮らしていました。お父さんは死んでしまってもういません。ジャックもお母さんも小さな農場で身を粉にして働いていましたが、とても貧しくて、日々の暮らしは厳しくなる一方でした。ある日、とうとうお母さんは、残っていたたった一つの財産を売ることに決めました。年をとった牝牛です。

　ジャックを市場に送り出す前、お母さんはあれこれ忠告をしました。「ジャック、売るときにだまされちゃいけないよ。少なくとも、銀貨十枚はほしいって言うんだよ。わかったかい？」

　お母さんの話が終わると、ジャックは牝牛の綱を引き、市場に向かって歩きはじめました。その途中、小柄なおじいさんが歩いてくるのに出くわしました。おじいさんはすっかり腰が曲がり、杖をついています。

　「やあ、お若い方。牝牛を連れてどこに行くのかね？」おじいさんが尋ねました。

　「こんにちは、おじいさん」ジャックは礼儀正しく答えました。「これから市場にこの牝牛を売りにいくんです。高く売れるといいんだけど」

— Si tu veux, je t'achète ta vache. Regarde ! En échange, je te donne ce haricot.

— Vous vous moquez de moi ! s'écria Jack. Je veux au moins dix pièces d'argent et vous croyez l'avoir pour un haricot ?

— Oui, mais ce n'est pas n'importe quel haricot ! C'est un haricot magique ! Si tu le plantes, en une nuit il poussera jusqu'au ciel.

— Jusqu'au ciel ! » répéta Jack.

Il était émerveillé à l'idée de posséder une plante magique. Alors Jack échangea sa vache contre ce haricot et s'empressa de rentrer à la maison, très content de lui… jusqu'au moment où sa mère furieuse le traita de tous les noms et finit par s'effondrer sur une chaise en pleurant.

Honteux d'avoir été si facilement trompé et d'avoir fait pleurer sa mère, Jack jeta le haricot par la fenêtre. Il alla se coucher, le cœur lourd.

音読のつぼ

これが " 有音の h（あっしゅ）" です。発音は「ありこ」。h の字を子音字のようにあるものとして扱うので、指示形容詞を cet の方ではなく、ce の方を使います。

「よかったら、わしがその牝牛を買ってやろう。ほれ、代わりにこの豆をやるぞ」

「からかわないでください！」ジャックは叫びました。「最低でも銀貨十枚はもらいたいんです。なのに、おじいさんは豆一つでこの牛を手に入れようって言うんですか？」

「ああ、そうじゃ。だが、この豆はそんじょそこらの豆ではないぞ。これは魔法の豆なのじゃ。まけば一晩で天まで伸びる」

「天まで伸びる……」ジャックはその言葉を繰り返しました。

〈ぼくは魔法の植物を持てるんだ〉そう思うと、ジャックはわくわくしました。そこで、牝牛と豆を交換すると、いそいそと家に帰りました。うまくいったと嬉しく思いながら……。ただし、嬉しかったのはお母さんの顔を見るまでのことでした。話を聞くと、お母さんはカンカンに怒ってジャックを散々になじったのです。しまいにはがっくりと椅子に腰をおとして、泣きだしてしまいました。

〈どうしてぼくはあんなに簡単にだまされてしまったんだろう。そのせいで、母さんを泣かせてしまった〉ジャックは自分が恥ずかしくて、豆を窓の外に投げ捨てました。そして、沈んだ気持ちのまま、眠りにつきました。

Le lendemain, Jack se leva le premier. Mais quelle surprise ! De sa fenêtre, il vit un énorme tronc d'arbre ! Ahuri, Jack sortit : ce n'était pas un arbre, c'était un énorme pied de haricot qui montait contre le mur de sa maison. Il avait tellement poussé que la tige se perdait dans les nuages. Sans hésiter, Jack commença à grimper. Il grimpa si haut, si haut qu'il finit par arriver au-dessus des nuages sur lesquels se dressait un grand château. Jack n'hésita pas non plus, il entra par curiosité.

④ L'intérieur du château était somptueux, digne d'un prince ou d'un roi. Jack parcourait chaque pièce quand, tout à coup, il se trouva face à une géante. Sans perdre son sang-froid, Jack lui dit :

« Bonjour Madame, pourriez-vous me donner un peu à manger, s'il vous plaît ? J'ai bien faim.

— Mon pauvre enfant, dit la géante, d'où viens-tu et que viens-tu faire ici ? Mon mari est un ogre. Au lieu de te donner à manger, c'est lui qui va te manger ! »

音読のつぼ

ur は「ゆ r」と唇を口笛を吹くようにつぼめて「ゆ〜〜ぅ」というように息を長く伸ばし、「ぅ」は喉の奥で息を吐き終わるような感じにしてみてください。nuage, lui はちゃんと -u-a「ゆ・あ」u-i「ゆ・い」とひとつずつ、口の筋肉を丁寧に動かしましょう。スピードはあとから！まずは正確な動きを！

次の日、ジャックはお母さんより先に起きました。すると、なんということでしょう。窓から巨大な木の幹が見えるではありませんか。びっくりして、ジャックは外に出ていきました。見ると、それは本物の木の幹ではなく、巨大な豆の株でした。豆の株が家の壁に沿うようにして高く伸びているのです。ずいぶん高く伸びているので、上のほうの茎は雲の向こうに消えています。ジャックは迷わずこの〈豆の木〉を登りはじめました。そのまま上へ上へとどんどん登るうち、とうとう雲の上にたどり着いてしまいました。目の前には、大きなお城がそびえています。好奇心に駆られて、ジャックはやっぱり迷わずずんずんとお城に入っていきました。

　お城の中はたいそう豪華でした。まるで王子さまや王さまが住んでいそうなほどです。ジャックは部屋を一つ一つ見てまわっていきました。そのとき突然、巨人の女の人と出くわしました。けれども、ジャックは落ち着き払って言いました。
　「こんにちは。あの、食べ物を少しくれませんか？　ぼく、お腹がぺこぺこなんです」
　「おやおや、あんた、どこから来たんだい？　ここに何しにきたんだい？　あたしの夫は人食い鬼なんだ。あんたに食べ物をやるどころか、あの人があんたを食べちまうよ！」

Jack n'eut pas le temps de répondre car à ce moment, il entendit un grand bruit : Boum ! Doum ! Boum ! Doum !

« Vite, dit la géante, cache-toi derrière le buffet ! »

Jack ne se le fit pas dire deux fois ; il se cacha et vit entrer un géant qui portait dans une main un tas de sacs et dans l'autre un gros mouton. Le géant jeta les sacs dans un coin et des pièces d'or s'en échappèrent.

En entrant dans la pièce, l'ogre se mit à renifler et dit :

« Ça sent la chair fraîche ! Ça sent la chair fraîche !

— Bien sûr que oui, répliqua vivement la femme. C'est ce mouton que vous apportez. Dépêchez-vous de me le donner pour que je puisse le faire cuire ! »

L'ogre obéit. La femme fit cuire le mouton, le géant le mangea et, satisfait, alla faire sa sieste. Alors Jack, tout doucement, sortit de sa cachette, prit un des sacs de pièces d'or et prit la fuite en courant.

sacs：「さっく」"Q careful" のひとつですね（本書の使い方参照）。femme：これも例外で「ふぇんむ」とは読まずに「ふぁんむ」と読みます。

けれども、答えるひまはありません。ちょうどそのとき、大きな音がしたからです。ズシン！　ドシン！　ズシン！　ドシン！
　「早くしな、食器棚の裏に隠れるんだ！」人食い鬼のおかみさんが言いました。
　ジャックはすぐさまそうしました。すると、まもなく、人食い鬼が現れました。鬼は一方の手に丸々とした羊を持ち、もう一方の手にはたくさんの袋を持っています。その袋を部屋の隅に放りだすと、中からは何十枚もの金貨がこぼれてきました。

　部屋に入ると、鬼はくんくんとあたりの匂いを嗅ぎはじめて言いました。
　「新鮮な肉の匂いがするぞ！　これは新鮮な肉の匂いだ！」
　「そりゃそうだろうよ」おかみさんはすぐさま答えました。「おまえさんが連れてきた羊の匂いがしてるのさ。さあ、料理できるように早く羊を渡しておくれ」
　言われたとおり鬼は羊を渡し、おかみさんは羊を料理しました。鬼は羊料理をたいらげると、すっかり満足して昼寝をしにいきました。そこで、ジャックはそっと食器棚の裏から出ていきました。そして金貨の詰まった袋を一つ手にすると、走って逃げだしました。

Pendant ce temps, sa mère, très inquiète de sa disparition, l'avait cherché partout. Elle fut bien surprise de voir son fils descendre du haricot et se précipita pour l'embrasser :

« Eh bien, ma chère mère, lui dit Jack, tu vois que c'était vraiment un haricot magique ! Tiens, c'est pour toi ! » Et il lui donna le sac de pièces d'or.

La pauvre femme remercia le ciel de lui avoir donné un fils si habile et tous deux vécurent des jours heureux grâce à l'or de l'ogre.

Mais au bout de quelques mois, les pièces d'or furent toutes dépensées. Jack décida alors de revenir au château de l'ogre. Il grimpa le long de la tige du haricot et quand il trouva la géante dans la cuisine du château, il la salua bien poliment :

« Bonjour madame, pourriez-vous me donner à manger s'il vous plaît ?

— Gredin ! s'écria la géante, n'as-tu pas honte de me demander à manger alors que, la dernière fois que tu es venu, tu nous as volé un sac de pièces d'or ? »

その間、ジャックのお母さんは、ジャックがどこにもいないのでとても心配して、あちこち探しまわっていました。するとびっくりしたことに、ジャックが豆の木からするすると下りてくるではありませんか。お母さんは駆けよってジャックを抱きしめました。
　「ほらね、母さん、これ、本当に魔法の豆だったんだよ！　はい、これは母さんに」ジャックのほうはそう言って、金貨の詰まった袋をお母さんに手渡しました。
　お母さんは天に向かって「こんなに賢い息子を与えてくださってありがとうございます」と、感謝しました。そうして、ふたりは人食い鬼の金貨のおかげで幸せな毎日を過ごしました。

　けれども何か月かすると、金貨はすっかりなくなってしまいました。そこで、ジャックはもう一度、人食い鬼のお城に行くことにして、再び豆の木を登っていきました。やがてお城に着いて、台所でおかみさんを見つけると、礼儀正しく挨拶をして言いました。
　「こんにちは。あの、何か食べ物をくれませんか？」
　すると、おかみさんが怒鳴りました。
　「おや、このいたずら小僧！　食べ物をもらいたいなんて、恥ずかしくないのかい？　この前来たときは、金貨の袋を盗んじまったくせに」

Avant que Jack n'eut ouvert la bouche pour répondre, un terrible bruit de pas retentit : Boum ! Doum ! Boum ! Doum !

« Vite, cache-toi dans le four ! » s'écria la géante.

Jack bondit dans le four pour se cacher, mais il laissa la porte entrouverte, de façon à pouvoir observer et entendre ce qui se passait. Il vit d'abord l'ogre poser sur la table un gros cochon et une cage. Puis le géant se mit à arpenter la cuisine en reniflant de tous côtés :

« Ça sent la chair fraîche ! Ça sent la chair fraîche ! s'écria-t-il.

— Mais bien sûr, dit la géante, c'est ce cochon bien gras que vous avez apporté. Aidez-moi à le préparer pour le faire cuire.

— Oui, dit le géant, j'ai bien envie d'un cochon rôti au four.

— Non, non, dit la géante avec empressement, ce cochon sera meilleur cuit à la broche. »

日本人が苦手な「す」/「しゅ」の練習はこのページでやってしまいましょう。まずよく聞いてから、繰り返してみます。できれば同じスピードで言えるまでやってみましょう。

ジャックは何か言おうとしましたが、その矢先、恐ろしい足音が響いてきました。ズシン！　ドシン！　ズシン！　ドシン！
「早くしな、かまどの中に隠れるんだ！」おかみさんが叫びました。

　ジャックは急いでかまどに飛び込むと、中に隠れました。ただし、扉は少し開けておきました。部屋の様子をうかがったり、何が起きているのか耳を澄ましたりできるようにするためです。見ていると、人食い鬼はまずテーブルの上に丸々とした豚をのせ、それから鳥かごを置きました。そして、くんくんとあちこち匂いを嗅ぎながら、台所をうろつきだしました。
「新鮮な肉の匂いがするぞ！　これは新鮮な肉の匂いだ！」人食い鬼が叫びました。
「そりゃそうだろうよ」おかみさんが言いました。「おまえさんが連れてきた豚の匂いがしてるのさ。この丸々としたやつのね。料理をするから、準備を手伝っておくれ」
「いいとも」人食い鬼が答えます。「かまどで丸焼きにしちまおう」
「いやいや」おかみさんがあわてて答えました。「この豚は串焼きにしたら、もっとうまいよ！」

Ils firent donc cuire le cochon dans la cheminée. L'ogre le mangea avec grand appétit, puis il ouvrit la cage et en sortit une oie d'or. Il la posa sur la table et dit :

« Ponds un œuf d'or. »

Et l'oie pondit un œuf d'or.

Le géant caressa un moment l'oie d'or puis la remit dans la cage. Ensuite il s'étira, quitta la cuisine pour aller faire sa sieste comme d'habitude. Aussitôt, Jack sortit de sa cachette, prit l'oie et courut à toutes jambes.

Désormais, Jack et sa mère n'eurent plus de soucis car l'oie pondait un œuf d'or tous les jours.

Mais les mois passèrent et Jack finit par trouver sa petite vie tranquille bien ennuyeuse. Il avait envie de voir encore une fois le château. Alors, il reprit la route des nuages. Cette fois, il jugea plus prudent de ne pas se faire voir de la géante. Il se faufila dans les pièces du château, gagna la cuisine et grimpa sur une étagère. Là, il se cacha derrière le pot de farine. Au bout d'un moment, il entendit : Boum ! Doum ! Boum ! Doum !

音読のつぼ

eu はふつう「うぅ」ですが、この avoir 動詞の活用の過去分詞や、そのバリエーションは例外で短く「ゆっ」/「うゅ」と発音します。ここでは「にゅーrる」。

こうして、人食い鬼とおかみさんは暖炉で豚を焼きました。できあがると、人食い鬼は豚をぺろりとたいらげました。それから鳥かごを開け、中から金のガチョウを取り出すと、テーブルの上にのせて言いました。
「金の卵を産め！」
　すると、ガチョウが金の卵を産むではありませんか。
　人食い鬼は少しの間、金のガチョウをなで、また鳥かごに戻しました。それから、大きく伸びをして台所を出ると、いつものように昼寝をしにいきました。鬼がいなくなると、ジャックはすぐさま隠れていたかまどから出ていきました。そうして、金のガチョウを手にすると、一目散に駆けだしました。
　それからというもの、ジャックとお母さんにはもう何の心配もなくなりました。金のガチョウが毎日金の卵を産んだからです。

　けれども何か月かすると、ジャックはのんびりとした生活に飽き飽きしてしまいました。もう一度、お城に行きたくて仕方ありません。そこで、ジャックはまた豆の木を登って雲の上まで行ってみました。〈今回はおかみさんに見つからないようにしよう〉そう考えて、お城の部屋にはこっそりしのびこみました。そして台所まで行くと、棚の上までよじ登り、小麦粉の壺のうしろに隠れました。しばらくすると、例の足音が聞こえてきました。ズシン！　ドシン！　ズシン！　ドシン！

À peine entré dans la cuisine, l'ogre se mit à renifler de tous côtés en criant :

« Ça sent la chair fraîche ! Ça sent la chair fraîche ! »

La femme regarda derrière le buffet, où Jack s'était caché la première fois, puis dans le four, mais ne le trouva pas. Ils cherchèrent partout mais ils n'eurent pas l'idée de regarder derrière le pot de farine. À la fin, ils pensèrent qu'ils s'étaient trompés. Jack les vit déjeuner d'une vache rôtie. Puis le géant alla faire sa sieste comme d'habitude. Jack le suivit dans le salon.

L'ogre sortit une harpe d'or du placard et la posa sur la table. Il s'installa dans un fauteuil et ordonna :

« Joue, harpe d'or. »

Et la harpe se mit à jouer. Sa musique était si douce que le géant ne tarda pas à fermer les yeux et à s'endormir. Dès que retentirent les ronflements, Jack sortit de sa cachette et prit la harpe. Mais, en quittant le château, il cogna la harpe contre la porte et elle résonna : doïng ! doïng !

この harpe も有音の h です。yeux は単独では「いゅー」ですので、リエゾンして「ずぃゆぅー」。doïng：母音字にアクサン記号の一つ、トレマがつくとその母音字が独立して発音されますので「どいんぐ」となります。

人食い鬼は台所に入ってくるとすぐ、あちこち匂いを嗅ぎはじめ、大声で言いました。
「新鮮な肉の匂いがするぞ！　これは新鮮な肉の匂いだ！」

　それを聞いたおかみさんは食器棚の裏を探しだしました。最初のときにジャックが隠れていた場所です。それから、かまどの中も探しました。けれども、ジャックを見つけることはできません。人食い鬼とおかみさんはあちこち探していました。でも、小麦粉の壺のうしろを見てみることまでは思いつかなかったらしく、結局は勘違いで片づけられました。ジャックは、人食い鬼とおかみさんが牛の丸焼きを食べるのをこっそり見ていました。食べ終わると、人食い鬼はいつものように昼寝をしにいきました。ジャックは、人食い鬼が居間に向かうそのあとを、そっとついていきました。

　居間に入ると、人食い鬼は戸棚から金のハープを取り出して、テーブルに置きました。そして、肘掛椅子に腰をおろすと、
「金のハープよ、さあ歌え！」そう命令しました。
　すると、ハープが音楽を奏ではじめるではありませんか。その音色がとても甘美だったので、人食い鬼はあっという間に目を閉じて眠ってしまいました。鬼がいびきをかきだすと、ジャックは隠れ場所からさっと出て、金のハープをつかみました。ところがお城から出るときに、うっかりハープを扉にぶつけてしまいました。ボロン、ボワン、ボワワン。大きな音があたりに響きわたります。

À ce bruit, l'ogre se réveilla en sursaut et poussa un cri terrible en voyant Jack emporter la harpe. Il s'élança aussitôt pour le rattraper. Jack se dépêcha de regagner la terre. Il bondissait de feuille en feuille, glissait sur la tige du haricot, tandis que le géant descendait lourdement. L'ogre n'avait pas fait la moitié du chemin que Jack était déjà par terre et courait chercher une hache dans la grange, pour couper le pied du haricot.

Vite ! Le géant arrive… Mais trop tard pour lui ! Crraac ! le haricot s'écroula comme un arbre sous les coups de la hache et l'ogre s'écrasa par terre.

Grâce à l'oie aux œufs d'or et à la harpe d'or, Jack et sa mère devinrent très riches et menèrent une vie agréable. Jack finit par épouser une princesse, et tous les trois vécurent heureux jusqu'à la fin de leur vie.

音読のつぼ

œufs：卵を意味するこの語は複数形になると「うふ」ではなく「うぅ」と"えふ"の音が消える特性があります。

その音に、人食い鬼がはっと目を覚ましました。鬼は、ジャックが金のハープを持っていこうとしていることに気づくや、恐ろしい叫び声をあげました。ハープを取り返そうと、突進してきます。ジャックは大急ぎで地上へと引き返しました。葉から葉へと飛びうつり、茎をつたって豆の木をするすると下りていきました。一方、鬼のほうはのっそりとしか下りられません。こうして、人食い鬼がまだ半分も下りてこないうちに、ジャックは地面に着きました。そのまま走って納屋に行き、斧を探して取ってきます。豆の木を切り倒すのです。
　急がないと！　人食い鬼がやってくる……。ジャックは何度も斧をふるいました。そして——バキバキとすごい音を立てながら、豆の木はどさりと倒れていきました。ああ、よかった、間に合った！　こうして、人食い鬼は地面に叩きつけられて死にました。

　その後、金の卵を産むガチョウと金のハープのおかげで、ジャックとお母さんはたいそうお金持ちになり、何不自由なく暮らしました。やがてジャックは貴族のお姫さまをお嫁さんに迎えると、三人でいつまでも幸せに暮らしました。

覚えておきたいフランス語表現

① se laisser faire / ne pas se laisser faire
「されるがままに／されるがままにしない」

> Jack, ne te laisse pas faire, quand tu la vendras. (p.28, 7行目)
> ジャックや、(牝牛を)売る時にだまされるんじゃありませんよ。

　この『ジャックと豆の木』に出てくる例文だとこの表現は悪い意味になりますが、お友達などが「まあ、ここはまかせておけよ」という意味で使う場合もあります。
　文法面では、目的語が主語の人称によって変化することを忘れないように注意しましょう。

　[例文] Laisse-toi faire aujourd'hui. 　今日は僕にまかせておけよ。

② ce n'est pas n'importe quel (quelle/quels/quelles) + 名詞 「そこらの(+名詞)とは違う」

> Oui, mais ce n'est pas n'importe quel haricot ! (p.30, 6行目)
> ああ、だが、そんじょそこらの豆とは違うぞ！

　quelはその後の名詞と性数一致させましょう。発音は一緒ですが、母音字で始まる場合は単数形ではエリジョン、複数形ではリエゾンに注意してください。

③ traiter de tous les noms 「罵倒する」

> (...) sa mère furieuse le traita de tous les noms (...)
> (p.30, 下から6行目)
> 怒った母親に罵られました。

　直訳すると「ありとあらゆる名前で呼ばれて罵られた」ぐらいでしょうか。ジャックのお母さんの怒りが直球で伝わってきますね。

④ digne de~ 「〜に相応しい」

> L'intérieur du château était somptueux, digne d'un prince ou d'un roi. (p.32, 11行目)
> 城のなかは王侯貴族にふさわしい豪華さでした。

こんな言い回しは日常生活ではめったに使わないのでは？とお思いでしょうが、親しい友人同士の夕食に招待された時の会話で冗談で使ったりします（注：まじめなほめ言葉としても使えます）。

[例文] C'est un repas digne d'un prince !
まるで王侯貴族の食事ですね！

⑤ se dépêcher de~ 「〜するのをいそぐ」

> Dépêchez-vous de me le donner pour que je puisse le faire cuire ! (p.34, 下から6行目)
> 私が調理できるように（それを渡すのを）急いでちょうだい！

これも代名動詞ですので、文法面では目的語が主語の人称によって変化することを忘れないようにしましょう。この動詞は意味の上から命令法で使われることが多いですね。

⑥ comme d'habitude 「いつも通りに・習慣通りに」

> Puis le géant alla faire sa sieste comme d'habitude.
> (p.42, 10行目)
> そして人食い鬼はいつもの昼寝をしに行きました。

余談ですが、日本ではフランク・シナトラでおなじみの『マイ・ウェイ』のフランスの原曲名がこの « Comme d'habitude » です（歌手はフランスの国民的歌手 Claude François クロード・フランソワ）。

コラム 「きみの名は？」

　フランスで手帳やカレンダーを購入すると毎日の日付の横に必ずといっていいほど、人の名前が書き込まれています…ダレジャコリャ？　実はこれはその日の守護聖人の名前なのです。そしてこの日はその名前を持つ人にお祝い（fête）をする習慣があります。花屋さんは抜かりなく「今日はSaint Mathildeの日。マチルドにお花を贈ろう！」と黒板に書いてアピール。職場では同僚にBonne fête！と、仕事後に一杯やったり、きれいなカードを送ったりして和気あいあい。年に2回、お誕生日がある感じですね。

　たとえば有名なジャンヌ・ダルクの祝祭日は5月30日です。もちろん、本来は365人以上の聖人がいますから、カレンダーには代表（？）聖人だけが記載されています。それぞれの名前の由来、誰がどの職業の守護聖人かなども決まっていて、調べてみると歴史の勉強にもなり、とても興味深いです（専用のサイトもあります（http://nominis.cef.fr/）。

　例えばパン屋の守護聖人は、お菓子のサン・トノーレで有名な聖オノーレ。小麦の穂とパン焼き釜用の大きなスパチュラがアイテムです。聖クリストフ（Saint Christophe）は、「キリストを担いだ人」。子どものキリストを肩に、河を渡る姿で描かれた旅人の守護聖人です。そのため、車のキーホルダーなどにつけて持つことが多いそうです。

　フランスでは1803年に法律で子供に「カレンダーに掲載されている聖人、歴史上の人物」の名前を付けることと定められていました。1966年の規制緩和で「神話上の人物、意味のある事物（オリーブ、ヴィオレット…）、外国の名前（イヴァン、ジェームス…）、2つまでの名前の連結（マリ・クロード）」などが可能に、1981年には「子どもの人権が侵害されなければカレンダーに掲載されていなくても可」となり、そしてようやく1993年にはすべての規制がなくなりました。

　しかし今度はあまりにも変わった名前を子供につけようとする夫婦が続出。子供の将来を心配した市役所が裁判所に異議申し立てをし、敗訴した夫婦に出生証明書からその名を削除するよう判決を下すケースが毎年のようにあるとか。うん、我が子にTiteuf*（「こたまご」ちゃん）というのは、ちょっと自由すぎかも…。

*BD（漫画）の主人公

三匹の子豚

Les trois petits cochons

Il était une fois trois petits cochons qui vivaient avec leur maman dans une petite maison.

Un jour, la maman appela ses trois fils et leur dit :

« Maintenant, vous êtes assez grands. Je voudrais que vous partiez d'ici et construisiez chacun votre propre maison, dit-elle. Mais mes chéris, prenez garde au① grand méchant loup ! Il est rusé②, il fera tout pour vous tromper et vous manger. »

La maman embrassa ses trois petits cochons et leur dit au revoir les larmes aux yeux. Tous les trois partirent donc de chez eux construire leur maison.

Le premier petit cochon rencontra un homme portant une botte de paille.

« Bonjour Monsieur ! Puis-je avoir un peu de paille pour construire ma maison ? » demanda le petit cochon.

Et l'homme lui donna de la paille.

例外で fils「ふぃす」と最後の s を読みます。paille：「ぱぁいゆ」。

昔々、三匹の子豚がお母さんと一緒に暮らしていました。みんなで暮らすには、かなり小さな家です。
　ある日のこと、三匹を呼ぶと、お母さんがこう言いました。
「おまえたち、もうずいぶん大きくなったわね。そろそろこの家を出てもらうときが来たようよ。家を出て、それぞれ自分の家をお建てなさい。でも、いいこと、オオカミにはくれぐれも用心するの。オオカミはとっても意地悪で、ずる賢いから、おまえたちをだまして食べるためなら、何でもするにちがいないわ」

　話が終わると、お母さんは三匹の子豚をしっかりと抱きしめました。それから、目に涙を浮かべながら、子どもたちとお別れをしました。こうして、三匹の子豚はお母さんのところを出て、それぞれ自分の家を作りに出発することになったのです。

　家を出たあと、一番目の子豚はわらの束を持った男にひょっこり会いました。そこで、こう尋ねました。
「こんにちは。あの、わらを少しわけてもらえませんか？　ぼく、家を建てたいんです」
　男はわらをわけてくれました。

Le second petit cochon rencontra un homme qui portait un chargement de bois.

« Bonjour Monsieur ! Puis-je avoir quelques bouts de bois pour construire ma maison ? » demanda le petit cochon.

Et l'homme lui donna du bois.

Le troisième petit cochon, lui, alla trouver un homme qui possédait des briques.

« S'il vous plaît, Monsieur, demanda le troisième petit cochon, puis-je avoir quelques briques pour construire ma maison ? » L'homme lui donna assez de briques pour bâtir une petite mais solide maison avec une cheminée.

二番目の子豚は、木の積荷を運ぶ男にひょっこり会いました。そこで、こう尋ねました。
「こんにちは。あの、木を少しわけてもらえませんか？　ぼく、家を建てたいんです」
　男は木をわけてくれました。

　そして三番目の子豚。この子豚はどうしたかというと、れんがを持っている男を探して会いにいきました。そして、こう尋ねました。
「すみません、あの、れんがを少しわけてもらえませんか？　ぼく、家を建てたいんです」
　男は十分なれんがをわけてくれました。おかげで、小さいけれどがっしりとした家が建ちました。煙突までついた家です。

Les trois petits cochons avaient chacun fini de construire leur maison quand le loup les aperçut (Ouf ! Quelle chance pour nos trois petits cochons !).

« Miam miam ! Comme ils doivent être tendres et bons ! Alors…Lequel vais-je manger en premier ? Eh bien, je vais commencer par le petit cochon de la maison de paille ! » et, déjà tout alléché, il frappa à la porte.

« Petit cochon, petit cochon, je suis le gentil loup, ton nouveau voisin. Puis-je entrer te dire bonjour ? dit le loup, d'une voix attendrie.

— Le loup ?! Pas question ! Laisse-moi tranquille ! répondit le petit cochon, tout effrayé.

— Alors, je vais souffler et ta maison s'envolera ! » cria le loup.

Et en effet, le loup gonfla ses joues, souffla de toutes ses forces et la maison de paille s'envola.

« Au secours mon frère ! Au loup !! » cria le premier petit cochon en courant vers la maison de bois de son frère.

-il で終わっていますが、「ーぃゆ」ではなく、ここは次の語とつなげて「じょんてぃ・るぅぅ」。

こうして、子豚たちはそれぞれ家を建て終わりました。そのときです。オオカミがやってきて、三匹の子豚がいることに気がつきました（まったく危ないところでした。家を建て終わったあとでなければ、子豚たちはその場で食べられていたことでしょう）。
　実際、オオカミは舌なめずりをしながら、こう言いました。
「しめしめ、これは柔らかくてうまそうだ！　さてと……どいつを最初に食ってやろう？　よし、わらの家の子豚から食うとするか」
　そうして、一番目の子豚のわらの家の戸をたたきはじめたのです。

「子豚くん、子豚くん、ぼくは優しいオオカミだよ。新しいお隣さんさ。ちょっと挨拶をしたいから、ぼくを中に入れておくれ」オオカミは優しげな声で言いました。
　けれどもそれを聞くと、一番目の子豚は縮みあがって答えました。
「オオカミだって?!　だめだめ、だめだめ、絶対だめ！　入っちゃだめだ！」
「それなら、おまえの家を吹き飛ばしてやる！」オオカミは叫びました。

　そうして、頬をふくらませると、オオカミはふうっと力いっぱい息を吹きかけました。その途端、わらの家は吹き飛んでしまいました。
「助けて！　たいへん！　オオカミだ！」一番目の子豚はそう叫びながら、二番目の子豚の木の家へと走っていきました。

À peine le deuxième petit cochon eut-il le temps de refermer la porte derrière son frère que le loup frappa.

« Petits cochons, gentils petits cochons, puis-je entrer ? »

— Non, non ! Pas question ! Laisse-nous tranquilles ! Va-t'en d'ici tout de suite ! répondirent les deux frères.

— Alors, je vais souffler, souffler et votre maison s'envolera ! »

Le loup gonfla les joues, puis souffla, souffla de toutes ses forces, et la maison de bois s'envola.

« Au secours notre frère ! Au loup !! » crièrent les deux petits cochons en courant aussi vite que possible vers la maison de briques de leur frère.

Vite ! Le troisième petit cochon, après avoir accueilli ses frères, vérrouilla la porte et les rassura. « Soyez tranquilles mes frères, ici, vous ne risquez rien ! »

一番目の子豚が駆け込んでくると、二番目の子豚は急いで戸を閉めました。まったく危ないところでした。戸を閉めたと思ったらすぐ、オオカミが戸をたたいたのですから。
「子豚くん、かわいい子豚くんたちや、ぼくを中に入れておくれ」
「だめだめ、だめだめ、絶対だめ！　入っちゃだめだ！　とっととあっちに行っちまえ！」二匹の子豚は言いました。
「それなら、この家を吹いて吹いて吹き飛ばしてやる！」

　そう言うと、オオカミは頬をふくらませ、ふうふうと力いっぱい息を吹きかけました。その途端、木の家は吹き飛んでしまいました。
「助けて！　たいへん！　オオカミだ！」二匹の子豚は叫びながら、三番目の子豚のれんがの家へと一目散に走っていきました。

　早く早く！　二匹の子豚を家に入れると、三番目の子豚は戸にしっかりと錠をかけました。そうして、二匹を安心させました。「だいじょうぶだよ、お兄ちゃんたち。ここにいれば、なんにも怖くないからね」

Mais aussitôt, retentit la voix du loup :

« Petits cochons, gentils petits cochons, puis-je entrer ? »

Le troisième petit cochon répliqua d'un ton provocateur :

« Ha ! Essaie donc, si tu peux !

— Alors, vous allez voir, hurla le loup, je vais souffler, souffler et souffler sur votre maison, et je vais la démolir ! »

Il respira profondément, souffla, souffla et souffla comme un fou. Mais cette fois-ci, il ne réussit pas à mettre la maison par terre. Cela le rendit fou furieux.

« Foi de loup, il faut absolument que j'attrape ces cochons » se dit-il. Il tourna autour de la maison pour voir s'il n'y avait pas d'autre entrée, et il vit la cheminée. Cela lui donna l'idée d'apporter une grande échelle.

« Ha ha ! J'aurais dû y penser plus tôt ! » ricana-t-il, et il se dépêcha d'en apporter une.

けれどもそれからまもなく、オオカミの声が聞こえてきました。
「子豚くん、かわいい子豚くんたちや、ぼくを中に入れておくれ」
それを聞くと、三番目の子豚は挑むように言いました。
「ああ、そうかい、できるものなら入ってごらんよ」
「よし、なら見てろ。このおれさまが吹いて吹いて吹きまくってやるからな。こんな家、ばらばらにしてやる！」

　オオカミはそう叫ぶと、息を深く吸い込んで、ふうふうふうと勢いよく吹きかけました。けれども、今度ばかりはうまく行きません。れんがの家はびくともしないのです。家がちっとも倒れないので、オオカミは猛烈に腹を立てました。

「オオカミさまの名にかけて、あの子豚どもを捕まえてやる！」そうつぶやくと、ほかに入れるところがないかを探して、オオカミは家のまわりをうろついてみました。すると、屋根の上に煙突がついているではありませんか。それを見て、オオカミはひらめきました。
〈しめしめ、大きなハシゴを持ってきて煙突から入ってやるぞ〉
「ハッハッハ！　もっと早く思いつけばよかったな！」オオカミはほくそ笑みながら、急いでハシゴを取ってきました。

Mais pendant ce temps, le troisième petit cochon, qui était très rusé et qui avait deviné ce que le loup allait faire, alluma avec l'aide de ses frères, un grand feu dans le foyer de la cheminée. Il y posa un chaudron rempli d'eau. Quand le loup descendit dans la cheminée, il tomba directement dans de l'eau bouillante.

Le loup poussa un hurlement qu'on entendit à des kilomètres à la ronde. Il repartit comme il était venu, par la cheminée. Dès lors, on n'entendit plus jamais parler du grand méchant loup.

y は普通の "i" の 2 個分に数えます。ですから foyer は foi-ier「ふぉわ・いえ」。

けれども、三番目の子豚はとても賢かったので、オオカミがやりそうなことくらい、とっくにお見通しでした。オオカミが外にいる間に、三番目の子豚はお兄さんたちと力を合わせて暖炉に大きな火をおこし、水をいっぱいに入れた鍋を暖炉に置いておいたのです。そうとは知らず、オオカミは煙突から下りてくると、そのままぐらぐらと沸くお湯の中へと落っこちてしまいました。

　「わあああ！」オオカミは、辺り一帯に聞こえるくらい大きな叫び声をあげました。そして、もと来た煙突を通ってとっとと逃げていきました。それからというもの、悪いオオカミの噂はまったく聞かなくなったということです。

覚えておきたいフランス語表現

① **prendre garde** 「気をつける」

> Mais mes chéris, <u>prenez garde</u> au grand méchant loup !
> （p.50, 6行目）
> 子供たちや、悪いオオカミには気をつけるのですよ！

　直訳するとガード（防御のポジション）を取るとなります。また「悪いオオカミ」は「大きな意地悪な狼」です。

② **faire tout pour~** 「～するには手段を選ばない・～のためにはなんでもする」

> Il est rusé, il <u>fera tout pour</u> vous tromper et vous manger.
> （p.50, 7行目）
> 奴は悪賢くって、あなたたちをだまして食べるためには手段を選びませんから。

　pourの後には人でも動詞でも入れられます。

　[例文] Je ferai tout pour vous !　あなたのためには何でもしますよ！

③ **Pas question !** 「問題外だ！・論外だ！・冗談じゃない！」

> <u>Pas question !</u>（p.54, 12行目）
> 冗談じゃない！

④ **Laisser tranquille** 「放っておく・そっとしておく」

<u>Laisse-moi tranquille !</u>（p.54, 12行目）
僕のことは放っておいてくれ！

⑤ **Au secours !** 「たすけて！」

<u>Au secours notre frère ! Au loup !!</u>（p.56, 11行目）
にいさん！　たすけて！　狼だ〜！

　英語でいうところのHelp !です。火事ならAu feu !(おーふぅー)。(フランス語のfréreは、「兄」のことも「弟」のことも指すので、お話のなかでは、「弟よ！　たすけて！　狼だ〜！」の意味になります)

三匹の子豚

コラム　「ちょっとこわいけど、おいしい豚さんのはなし」

　「豚さんはえらい！食べるのに残すところはない！」と言ったのは誰だったか。それとも、どこかで読んだのだったのか定かではありませんが、しみじみと実感したことがあります。
　それはパリに移り住んですぐ、まだ子供だった私の日曜日は6つ違いの姉が朝市に行って卵や野菜を買ったり、日曜日のお昼の食材を調達するあとをついて行って、手伝うことでした。マグロがごろんと置かれて大きなノコギリで輪切りにされるのを見るのは平気。でも、トサカと羽とモミジがついたままの鶏たちが、くてぇっと首から吊るされているのと、ウサギたちが、べろぉんと足先だけ残されて皮を剥いで吊るされているのを見るのは、日本から「花の都パリ」にきてすぐの子供にはちょっとしたホラーでした。でも吊るされているのは高いところだから、見ないふり、見ないふり……上を見ないで急いで通れば大丈夫……と、まっすぐ前を見ながら、道の角をまわる私のちょうどその目の前に飛び込んできたのは……

　なぜか左右の耳にパセリがポッと活けてあって、口にレモンをぐわっとくわえさせられている大きな豚さんの頭！

　豚さんの頭の大きさは、当時7歳の私の頭の倍はあったでしょう。真正面からbonjour！をしてしまい、思わず固まってしまいました。思えば豚の頭だけだったらよかったのでしょうが、耳パセリとレモンの取り合わせにびっくりしたのでしょうね。
　それから1年もしないうちに、パリの中心地、レ・アールにある"Au pied de cochon"（直訳すると「豚の足」亭）に母に連れていってもらいました。子供がレストランに行くなど、当時は前代未聞です。その店は"パリの胃袋"といわれた市場があった頃からあり、365日、24時間開いているフランスらしからぬビストロ。
　さて、店にいくと、一頭の豚が小さな囲いの中に犬小屋のようなものの前につながれています。
　まさかマサカまさか…これを？　小さなわたしは真っ青に。するとギャルソンがにっこりして「ノンノン、うちのマスコットです♪」。え?!と、さらにびっくりでした。お店の内装はとてもきれいで、バーカウンターの真鍮部分にぐるりと豚が飾りに打ち出してあって、細かいところまで凝っていました。肝心のお料理は、オニオン・グラタンスープと豚のミュゾー（鼻づら）のパテがTrès bon！ことは覚えているのですが、肝心のメインディッシュの豚の足は？
　第一印象は形がもろに"チョキだぞ〜！"と、ヒヅメ感100％（笑）で、確かに香ばしく、おいしい匂いと皮のカリカリ感が十分だった覚えはあるのですが、中身の記憶は骨が多かったなあ、くらいで終わっています。ワインを飲める今なら、もっとおいしく頂けるだろうし、いま思えば、あのオニオン・グラティネもひょっとして、豚さん由来かなあ、だとしたら、あのディナーは、今の私にとって、関節、しわ、そしてお肌にも？（笑）。いろいろな意味で大人の味だったのだなあとしみじみするAu pied de cochonと豚さんの思い出です。

C'était au milieu de l'hiver et les flocons de neige tombaient comme des plumes.

Une reine, assise près de sa fenêtre au cadre d'ébène, cousait. Elle regardait la neige tomber. Un peu distraite, elle se piqua le doigt avec son aiguille. Trois gouttes de sang en tombèrent.

En voyant ce rouge si beau sur la neige blanche, elle se dit : « Oh ! si j'avais un enfant blanc comme la neige, rouge comme le sang et noir comme l'ébène ! »

Bientôt elle mit au monde une petite fille qui était aussi blanche que la neige, aux joues rouges comme du sang et aux cheveux noirs comme l'ébène. C'est pourquoi on lui donna le nom de Blanche-Neige. Et lorsque l'enfant eut vu le jour, la reine mourut.

ai / ei は「え」。ain / ein（aim / eim）は「あん」と鼻母音になるので注意しましょう。

それは冬のさなか、雪がひらひらと羽のように舞い落ちる日のことでした。
　ある国のお妃さまが、窓辺に座って縫い物をしていました。窓枠は黒檀(こくたん)でできています。お妃さまは縫い物をしながら雪が降るのを眺めていました。が、少しぼんやりしてしまい、針で指を刺してしまいました。すると、ぽたりぽたりと血が三滴、指から落ちていきました。

　その赤色が白い雪に映えてあまりに美しかったので、お妃さまは思いました。「ああ、子どもがほしいこと。肌は雪のように真っ白で、頬は血のように真っ赤で、髪は黒檀のように黒くつややかで……そんな子どもが生まれたらすてきでしょうに」
　それからまもなく、お妃さまはかわいい女の子を産みました。肌は雪のように真っ白で、頬は血のように真っ赤、髪は黒檀のように黒くつややかです。その雪のような白さから、女の子は白雪姫と名づけられました。けれども悲しいことに、白雪姫が生まれてすぐに、お妃さまは亡くなってしまいました。

Un an après, le roi se maria avec une autre femme. Elle était belle, mais si fière et si hautaine qu'elle ne pouvait souffrir qu'aucune autre la surpassât en beauté.

Elle avait un miroir magique ; et quand elle se mettait devant lui pour s'y mirer, elle disait :

« Petit miroir, petit miroir,

Quelle est la plus belle de tout le pays ? »

Et le miroir répondait :

« Madame la reine, vous êtes la plus belle. »

Alors elle était contente, car elle savait que le miroir ne disait que la vérité.

Mais Blanche-Neige grandissait et devenait toujours plus belle ; et quand elle devint une jeune fille, elle était aussi belle que le jour, plus belle que sa marâtre.

---

au / eau は一音で「お」。Quelle est / elle était はエリジョンして、それぞれ「けれ」、「えれて」。

それから一年後、王さまは新しいお妃さまを迎えました。新しいお妃さまは美しい人でしたが、たいそううぬぼれが強くわがままでした。そのため、自分より美しい人がいることに、とうてい我慢などできませんでした。

　さて、お妃さまには魔法の鏡がありました。この鏡の前に立って、自分の姿を映し出すと、お妃さまはいつもこう尋ねていました。

「鏡よ鏡、国じゅうでいちばん美しいのは誰？」

　すると、鏡は答えます。

「お妃さま、いちばん美しいのはあなたです」

　それを聞くと、お妃さまは満足しました。鏡が真実しか言わないことを知っていたからです。

　けれども、白雪姫もまた、大きくなるにつれ、どんどん美しくなっていきました。そして年頃になったとき、輝く日の光のように美しくなりました。ついにお妃さまよりも美しくなったのです。

Un jour, comme la reine demandait à son miroir :
« Petit miroir, petit miroir,
Quelle est la plus belle de tout le pays ? »
Il lui répondit aussitôt :
« Madame la reine, vous êtes la plus belle ici,
Mais Blanche-Neige est mille fois plus belle que vous. »

La reine, consternée, devint livide de rage : À partir de ce moment, l'envie et la jalousie ne firent que croître en elle, et elle n'eut plus de repos ni le jour ni la nuit. Finalement, elle fit venir son chasseur et lui dit : « Emmenez Blanche-Neige dans la forêt ; je ne veux plus l'avoir devant les yeux ; là, vous la tuerez et vous m'apporterez son foie et ses poumons, comme preuve de l'exécution de mes ordres. »

x には色々な読み方がありますが、ここは「ぐず」の音で、「えぐぜきゅすぃよぉん」。

そうとは知らずお妃さまは、ある日いつものように魔法の鏡に尋ねました。
「鏡よ鏡、国じゅうでいちばん美しいのは誰？」
鏡はすぐに答えました。
「お妃さま、ここでいちばん美しいのはあなたです。
　でも、白雪姫はあなたの千倍も美しい」

　それを聞いて、お妃さまは動転し、怒りのあまり真っ青になりました。そしてこの時から、お妃さまの心の中には、白雪姫をねたみ、そねむ気持ちがどんどん大きく育っていきました。もはや昼も夜も、気が休まるときなどありません。ある日とうとう、お妃さまは狩人を呼ぶと、こう言いつけました。「白雪姫を森に連れてお行き。わたしは、あの子の顔などもう二度と見たくない。いいこと、森であの子を殺しておしまい。そうして、言いつけどおりにした証として、あの子の肝臓と肺を持ってくるのだ」

Le chasseur obéit et emmena la jeune fille avec lui ; et quand il eut tiré son couteau de chasse pour percer le cœur de l'innocente Blanche-Neige, voilà que la jeune fille commença à pleurer et dit : « Ah ! mon bon chasseur, laisse-moi la vie ! Je courrai dans la forêt sauvage et ne reviendrai jamais. »

　Elle était si belle que le chasseur eut pitié d'elle et dit : « Allez, ma pauvre Princesse ! »
　Il pensait en lui-même : « Les bêtes féroces vont vous dévorer bientôt. »
　Pourtant, il se sentit le cœur soulagé d'un grand poids à l'idée qu'il avait pu se dispenser de l'égorger. Et comme il vit courir devant lui une petite biche, il la tua, en prit le foie et les poumons, s'en fut les présenter à la reine, qui les fit bien assaisonner et cuire. La méchante femme croyait manger la chair et le sang de Blanche-Neige.

> 音読のつぼ
>
> "d" で終わる語（多くが動詞や quand の場合）が母音字とリエゾンする（続けて読む）時は、"t" との音になります。ですからここは「かんているゅてぃ r れ」。

狩人はお妃さまの言いつけに従い、白雪姫を森に連れていきました。そして、狩に使うナイフを引き抜くと、無垢な白雪姫の心臓を突き刺そうとしました。けれどもそのとき、白雪姫がぽろぽろと涙をこぼしながら言いました。「ああ、狩人さん、どうかこの命をお助けください。もしそうしてくれるなら、わたしはこの恐ろしい森の奥へと駆けていきます。二度と城へは戻りません」

　そう訴える白雪姫があまりに美しかったので、狩人は哀れに思って言いました。「お行きください、お姫さま」
　ただし、心の中では「じきに猛獣があなたさまを食べてしまうでしょうが」と思いながら……。
　それでも、狩人は白雪姫を殺さなくてすんだと思うと、重荷をおろしたようなほっとした気持ちになりました。ただしお妃さまとの約束があるので、ちょうど目の前を駆けていた小さな雌鹿を殺して、その肝臓と肺を取りだし、それをお妃さまに差し出しました。お妃さまのほうは、その肝臓と肺をさっそく家来に調理させ、食べてしまいました。お妃さまは白雪姫の肉と血を食べたのだと信じていました。

Pendant ce temps, la pauvre princesse errait toute seule dans l'épaisse forêt, et elle avait tellement peur qu'elle regardait d'un air inquiet tous les arbres et toutes les feuilles, ne sachant où trouver du secours. Puis elle se mit à courir sur les pierres pointues et sur les épines, et les bêtes féroces bondissaient à côté d'elle, mais sans lui faire aucun mal. Elle courut aussi longtemps que ses pieds purent la porter, jusqu'au soir. Elle aperçut alors une petite cabane où elle entra pour se reposer.

Tout dans cette cabane était petit mais propre. Il y avait une petite table avec sept petites assiettes, chaque assiette avec sa petite cuillère, puis sept petits couteaux, sept petites fourchettes et sept petits gobelets. Contre le mur, il y avait sept petits lits l'un à côté de l'autre, tous couverts de draps propres.

tous:「とぅす」とsを読みます。この語は品詞によって読んだり、読まなかったりします。

その頃、かわいそうな白雪姫は、深い森をひとりぼっちでさまよっていました。何もかもがあまりに恐ろしくて、まわりに繁る木々や木の葉を不安な気持ちで見つめてしまいます。いったい、どこに行けば助けが見つかるのか見当もつきません。それでも、白雪姫は駆けだしました。とがった石の上を走り、いばらの上を駆けていきました。白雪姫の走る横では、獣たちも一緒に跳ねるように駆けていきます。けれども、白雪姫に襲いかかろうとする獣は一匹もいませんでした。白雪姫は足が動くかぎり走りつづけました。やがて夕方になろうという頃、目の前に小さな家が見えました。〈少し休ませてもらいましょう〉そう思って、白雪姫は中に入っていきました。

　入ってみると、家の中は、何もかもが小さく作られていました。でも、とっても清潔です。部屋には小さなテーブルが一つあり、テーブルの上には小さなお皿が七つ並んでいます。七つのお皿には、それぞれ小さなスプーンが添えられていました。それから七つの小さなナイフと七つの小さなフォーク、そして七つの小さなコップもありました。壁際には、清潔なシーツのかかった小さなベッドが七つ、行儀よく並んでいます。

Blanche-Neige avait très faim et très soif. Elle mangea une cuillerée de légumes avec une bouchée de pain dans chaque assiette, et but dans chaque gobelet une goutte de vin, car elle ne voulait pas prendre une seule part tout entière.

Puis, comme elle tombait de fatigue, s'assoupit, malgré elle, accoudée à la table.

La nuit venue, les maîtres de la cabane arrivèrent. C'étaient des nains – sept frères – qui cherchaient du cuivre et de l'or dans les montagnes. Ils allumèrent leurs petites lampes, et quand le logis fut éclairé, ils aperçurent tout de suite Blanche-Neige qui dormait. Ils poussèrent des cris de surprise et chacun s'approcha avec sa lampe pour mieux la contempler.

« Ah ! mon Dieu, ah ! mon Dieu, répétaient les nains, qu'elle est belle ! »

Ils l'admiraient avec ravissement et se gardèrent bien de l'éveiller jusqu'au point du jour.

Dieu :「でぃゆ」と「い・ゆ」とはっきり口を動かしましょう。

白雪姫はとてもお腹がすいていました。のどもとても乾いていました。そこで、七つのお皿のそれぞれから、野菜を一さじ分ずつもらい、パンをひと口ずつ食べました。それから、七つのコップから、ほんのひと口ずつワインを飲ませてもらいました。というのは、誰か一人の分だけを空っぽにしてしまうようなことはしたくなかったからです。
　それから、白雪姫はテーブルにひじをつき、思わずうとうとしてしまいました。なにしろ、もう倒れそうなほど疲れ果てていたのですから……。

　やがて夜になり、家の主たちが帰ってきました。それは七人のこびとでした。七人は兄弟で、仕事は山で銅や金を採ることです。その日も山から帰ってきて、こびとたちはそれぞれ自分の小さなランプに火を灯し、部屋を明るく照らしました。すると、白雪姫が眠っているではありませんか。こびとたちはびっくりして思わず声をあげ、それから、めいめいランプを手に、もっとよく見ようとそばに寄っていきました。

「おやおや、こりゃまあ！　なんて美しい人だろう！」
　こびとたちは何度も何度もそう言って、うっとりと白雪姫を見つめました。そうして、夜が明けるまで白雪姫を起こさないようにそっとしていました。

白雪姫

N14

Le matin, quand Blanche-Neige sortit de son sommeil, elle s'effraya quand elle aperçut les petits hommes. Mais ils se montrèrent fort aimables et lui demandèrent son nom.

« Je me nomme Blanche-Neige, dit-elle.

— Par quel hasard, reprirent les nains, es-tu venue dans notre maison ? »

N15

Alors elle leur conta sa triste histoire. Les nains lui proposèrent de rester chez eux sous leur protection. En contrepartie, elle ferait le ménage et la cuisine. Blanche-Neige leur promit tout ce qu'ils désiraient et resta chez eux. Elle faisait avec soin tout le ménage de la maison. Le matin, les nains s'en allaient travailler dans les montagnes ; le soir, ils rentraient au logis, où ils trouvaient le dîner tout prêt. Toute la journée, la jeune fille était seule, et ils l'avertissaient en partant de se tenir sur ses gardes : « Car, disaient les gentils nains, ta marâtre saura bientôt que tu es ici ! Alors n'ouvre à personne ! »

faisait：例外で「ふぜ」と読みます。

いっぽう、白雪姫のほうは、朝になって目を覚ますと七人のこびとがいるので、思わずおびえてしまいました。けれども、こびとたちはとても親切そうな様子をしています。名前を聞かれて、白雪姫は答えました。
「わたしは白雪姫というのです」
　すると、こびとたちはまた尋ねました。「いったいどうして、お姫さまがおれたちの家なんかに来たんだい？」

　そこで、白雪姫はこれまでの悲しい出来事を話しました。それを聞いたこびとたちは「それなら守ってあげるから、この家に住むといい」と言いました。「その代わり、掃除や料理をしておくれよ」。こうして、白雪姫はこびとが望む家事すべてをすると約束し、こびとたちの家に住むことになりました。それからというもの、白雪姫は心をこめて家中の家事をしました。こびとたちは、朝になると仕事をしに山に出かけ、夜になると家に帰ってきます。白雪姫はこびとたちが帰ってくる前に、夕食もちゃんと用意しておきました。ただ、こびとたちが仕事をしている昼のあいだ、白雪姫はずっと一人きりでした。そのため、こびとたちは出かけるときにいつも「くれぐれも用心するんだよ」と言っていました。「だって、白雪姫がここにいることは、お妃さまもじきに気づくだろうから。だから、誰が来ても絶対に扉を開けちゃいけないよ」

La reine qui croyait avoir mangé la chair et le sang de Blanche-Neige, pensait être de nouveau la plus belle femme du pays. Et pour s'en assurer, elle se mit devant son miroir et lui dit :

« Petit miroir, petit miroir,

Quelle est la plus belle de tout le pays ? »

Aussitôt le miroir de répondre :

« Madame la reine, vous êtes la plus belle ici,

Mais Blanche-Neige au delà des montagnes,

Chez les sept nains,

Est mille fois plus belle que vous. »

La reine pâlit de colère et trembla de fureur : elle savait que le miroir ne mentait pas. Elle comprit que le chasseur l'avait trompée et que Blanche-Neige vivait encore. Elle songea aux moyens de la tuer ; car aussi longtemps qu'elle ne serait pas la plus belle, elle sentait qu'elle n'aurait pas de repos. « Blanche-Neige mourra, s'écria-t-elle, quand bien même il devrait m'en coûter la vie ! »

moyens :「もわいやん」。

さて、そのお妃さまはといえば、白雪姫の肉と血を食べたのだと信じていたので、自分がまた国じゅうでいちばん美しくなったのだと思っていました。そこで、あるときそれを確かめようと鏡の前に立って尋ねました。
　「鏡よ鏡、
　国じゅうでいちばん美しいのは誰？」
　すると、すぐに鏡は答えました。
　「お妃さま、ここでいちばん美しいのはあなたです。
　でも、山のかなたの七人のこびとの家に住む白雪姫は、
　　あなたの千倍も美しい」

　それを聞くと、お妃さまは怒りで真っ青になりました。恐ろしいほどの怒りのせいで体がぶるぶると震えてきます。なんといっても、鏡は嘘をつかないのです。〈つまり、狩人はわたしをだましたのだ。白雪姫はまだ生きているのだ〉そうとわかると、お妃さまは白雪姫を殺す方法を考えだしました。というのも、自分がいちばん美しいのでないかぎり、気が休まることはあるまいと思ったからです。
　「白雪姫には死んでもらう」お妃さまは叫びました。「たとえこの命を差し出すことになろうとも」

白雪姫

Puis elle s'enferma dans une chambre secrète où personne n'entrait, et y prépara une pomme empoisonnée, superbe à voir, blanche et rouge de peau, fraîche à croquer. Cette pomme avait le pouvoir de tuer quiconque en goûterait un morceau. Lorsqu'elle l'eut bien préparée, la reine se maquilla, et, déguisée en vieille paysanne, se rendit à la cabane des sept nains.

Quand elle frappa à la porte, Blanche-Neige mit la tête à la fenêtre.

« Je ne dois laisser entrer personne, dit-elle, les nains me l'ont défendu.

— Soit ! répliqua la paysanne, cela m'est égal ; on m'achètera mes pommes ailleurs ; tenez, en voici une, je vous la donne.

— Non, dit Blanche-Neige, je ne dois rien prendre.

— Auriez-vous peur de quelque poison ? dit la vieille. Regardez, voici ma pomme coupée en deux moitiés : mangez la rouge, moi je mangerai la blanche. »

音読のつぼ

Quand elle：「かんてる」。状況を受け入れる時や了解を表す時に使います。最後の t を読む例外です。Soit：「そわっと」。poison：" s " は母音字と母音字に挟まれる時にリエゾンする時に「ざ・じ・ず・ぜ・ぞ」と濁って読みます。ですからここは「ぽわぞん」。濁らせたくない時には " さかな " の poisson「ぽわっそん」のように " s " を 2 重にします。

それから、お妃さまは誰も入ってこない秘密の部屋に閉じこもり、毒リンゴを作りました。それは見るからにおいしそうで、皮には白いところと赤いところがあり、もしかじったなら、みずみずしい味のしそうなリンゴです。けれども、このリンゴには恐ろしい力がありました。ひとかけらでも口にすれば、その人をたちまち殺してしまうのです。リンゴができあがると、お妃さまは顔を塗り、年老いた農婦に変装して、七人のこびとの家へと向かいました。

　やがてこびとの家まで来ると、お妃さまはトントンと戸をたたきました。すると、白雪姫が窓から顔をのぞかせて言いました。
「誰も中に通してはいけないんです。こびとたちからだめと言われているの」
「べつにかまやしないよ」農婦に化けたお妃さまは言いました。「そんなの、あたしにはどっちでもいいからね。リンゴならよそで買ってもらえるだろうさ。それよりほら、一つどうだい。このリンゴをあんたにあげよう」
「いいえ、だめなの。何ももらってはいけないの」白雪姫が答えました。
　そこで、農婦姿のお妃さまは言いました。
「ひょっとして毒を怖がっておいでかい？　なら、ほうら、こうやって半分に切って、と。あんたは赤く熟れているほうをお食べ。あたしが白いほうを食べてみせるよ」

La pomme était préparée avec tant d'art, que seul le côté rouge seul était empoisonné.

Blanche-Neige avait envie de la belle pomme, et lorsque la paysanne se mit à en manger la moitié, la pauvre jeune fille ne put résister davantage ; elle tendit la main et prit la moitié où se trouvait le poison. À peine ses lèvres s'y furent-elles posées, qu'elle tomba morte sur le sol. La reine la considéra avec des yeux terribles, rit aux éclats et partit.

Et, dès son retour au château, elle interrogea son miroir, selon sa formule habituelle :
« Petit miroir, petit miroir,
Quelle est la plus belle de tout le pays ? »
Il répondit enfin :
« Madame la reine, la plus belle, c'est vous ! »
Alors, le cœur envieux de la marâtre fut enfin soulagé et satisfait.

実は、この毒リンゴはとても巧みに作られていました。赤いほうにだけ毒が入っていたのです。

　白雪姫はきれいなリンゴを見ているうちに、このリンゴが食べたくてしようがなくなりました。農婦が半分に切ったリンゴを食べはじめると、もう我慢できません。手を差し出して、リンゴの赤い半分を受け取ってしまいました。毒の入ったほうです。そしてリンゴに口が触れたかと思うまもなく、ばったりと床に倒れて死んでしまいました。お妃さまは動かなくなった白雪姫を恐ろしい目つきで見つめました。それから、甲高い笑い声をあげると、そこから立ち去りました。

　お城に帰るとすぐ、お妃さまはいつものように鏡に尋ねました。
「鏡よ鏡、国じゅうでいちばん美しいのは誰？」
　すると、ついに鏡は答えました。
「お妃さま、いちばん美しいのはあなたです」
　こうして、お妃さまは白雪姫をねたんでいた心からようやく解き放たれ、ほっとして満足することができたのです。

N22

　Le soir, en arrivant à la maison, les nains trouvèrent Blanche-Neige étendue par terre, sans souffle et sans mouvement. Ils la relevèrent, cherchèrent la cause de ce malheur, lui lavèrent le visage avec de l'eau et du vin ; mais rien n'y fit : la pauvre jeune fille était morte.

N23

　Ils voulurent l'enterrer ; mais elle avait vraiment l'air d'être en vie, tant ses joues étaient fraîches et roses, qu'ils lui firent un cercueil de verre pour qu'on pût la voir de tous les côtés et ils l'ensevelirent dedans. Ils écrivirent dessus en lettres d'or qu'elle était fille de roi, qu'elle se nommait Blanche-Neige. Ensuite, ils placèrent le cercueil sur le haut de la montagne, et l'un d'eux restait toujours auprès d'elle pour veiller sur elle.
　Or, il advint qu'un fils de roi, qui traversait la forêt, arriva chez les nains pour y passer la nuit. Il avait vu Blanche-Neige couchée dans le cercueil de verre sur la montagne, et avait lu ce qui était écrit en lettres d'or.

音読のつぼ

cer/cu/eil:「せぇr / きゅ / ぇいゆ」というイメージです。最後の「…ぇいゆ」の「ぇい」は前の「ゅ」に飲み込まれる感じです。

いっぽう、七人のこびとのほうは、夜になって家に帰ってきました。すると、白雪姫が床に倒れているではありませんか。息もしていなければ、ぴくりと動くこともありません。こびとたちは床から白雪姫を助け起こし、こんなことになったわけを探して、水やワインで白雪姫の顔を洗ってみました。けれども、何をしてもだめでした。かわいそうに、白雪姫は本当に死んでいるのです。

　こびとたちは白雪姫を埋葬してあげようと思いました。けれども、白雪姫はみずみずしいバラ色の頬をしたままで、まるで生きているかのようです。そこで、こびとたちは、外から白雪姫を見ることができるようにガラスの棺を作ると、その中に白雪姫を寝かせました。そして、棺の上に金色の文字で「この方は王の娘、名は白雪姫」と書きました。それから、ガラスの棺を山の頂に置くと、いつも誰か一人がそばについて見守っているようにしました。
　さて、そんなある日のこと、森を通り抜けようとしていた王子さまが、山の上のガラスの棺で眠る白雪姫を目にしました。王子さまは棺に書かれた金文字を読むと、こびとの家にやってきて、一晩家に泊まることにしました。

Alors il dit aux nains : « Livrez-moi ce cercueil, je vous donnerai ce que vous voudrez. »

Mais les nains répondirent : « Nous ne le livrerions pas pour tout l'or du monde !

— Eh bien, reprit-il d'un ton suppliant, faites-m'en présent ; car je ne peux plus vivre sans voir Blanche-Neige. »

Les gentils nains, touchés par ses prières, eurent pitié de lui et lui permirent d'emporter le cercueil. Les gens du prince le soulevèrent sur leurs épaules ; mais, l'un d'eux ayant heurté du pied une grosse racine, ils tombèrent, et par l'effet du choc, le cœur de la pomme sortit du gosier de Blanche-Neige. Presque aussitôt, elle rouvrit les yeux, se redressa et dit :

« Mon Dieu ! où suis-je ?

— Avec moi qui t'aime plus que tout au monde ! » s'écria le fils de roi empli de joie.

王子さまはこびとたちに言いました。
「あの姫の棺を譲ってくれ。望みのものを何でもとらせる」
　けれども、こびとたちは答えました。
「いいえ、たとえ世界じゅうのお金をもらっても、お譲りできません」
　すると、王子さまはすがるように言いました。
「それならば、どうかあの姫の棺を私に与えてくれ。白雪姫を見ないでは、もはや私は生きてはゆけぬ」
　心優しいこびとたちは、王子さまがあまりに切々と訴えるので心を動かされました。王子さまのことがかわいそうになり、棺を持っていくことを許してあげたのです。こうして、家来たちが棺を持ち上げかつぎました。ところが、そのうちの一人が大きな木の根につまづいて、棺をかつぐ者たちが皆転んでしまいました。すると、その拍子に、なんと白雪姫ののどから毒リンゴのかけらが飛び出してきたではありませんか。それからまもなく、白雪姫は目をぱっちりと開けました。そうして、身を起こして言いました。
「あら、わたしはどこにいるのかしら？」
「私のそばです！　この世で誰よりもあなたを愛している、この私のそばにいるのです！」王子さまは喜びでいっぱいになって叫びました。

Et le Prince lui raconta ce qui s'était passé.

« Viens avec moi dans le château de mon père, dit-il, et tu seras ma femme. »

Et Blanche-Neige qui ressentait le même amour à son égard, partit avec lui, et les noces furent préparées en grande pompe.

La méchante marâtre fut invitée à la fête aussi. Lorsqu'elle se fut parée de ses plus riches atours, elle se mit devant son petit miroir et dit :

« Petit miroir, petit miroir,

Quelle est la plus belle de tout le pays ? »

Le miroir répondit :

« Madame la reine, vous êtes la plus belle ici,

Mais la jeune reine est plus belle que vous ! »

"e" の後に二重子音字ですが例外で「r るさんて」。

それから、王子さまは白雪姫に何があったのかを話し、こう言いました。
「どうか我が父の城に私と一緒に来てください。私と結婚してほしいのです」
　その言葉を聞くと、白雪姫は王子さまとふたりで出発しました。白雪姫もひと目見て王子さまに大きな愛を感じていたからです。ふたりの結婚式は盛大にとりおこわれることになりました。

　さて、お妃さまもこの結婚式に招待されていました。花嫁が白雪姫とも知らず、お妃さまは豪華なアクセサリーでめいっぱい着飾ると、鏡の前に立って尋ねました。
「鏡よ鏡、
　国じゅうでいちばん美しいのは誰？」
　すると、鏡は答えました。
「お妃さま、ここでいちばん美しいのはあなたです。
　でも、未来の王妃さまはあなたよりもっと美しい」

La méchante femme poussa des cris de fureur ; dans son trouble, elle ne savait plus que faire. Tout d'abord, elle ne voulut plus aller au mariage ; mais bientôt elle changea d'avis car sa jalousie ne pouvait l'empêcher d'aller voir la jeune reine.

Lorsqu'elle entra dans la salle du château, elle reconnut Blanche-Neige. La méchante reine resta un moment immobile de stupeur, mais sa terreur et son angoisse étaient telles qu'elle tomba raide morte sur le coup.

それを聞くと、お妃さまは怒りのあまり叫び声をあげました。すっかり動揺してしまい、もうどうすればいいのかわかりません。初め、お妃さまは「結婚式にいくのなどやめてやる」と思いました。けれども、まもなく気が変わりました。嫉妬の心があまりに強くて、未来の王妃さまとやらを見にいかないではいられなかったのです。

　こうして、お妃さまは招待されたお城の大広間に入っていきました。すると、死んだはずの白雪姫が王子の花嫁として、そこにいるではありませんか。お妃さまはつかの間、ぼう然と立ち尽くしました。けれども、恐ろしさやら不安やらがどっと押し寄せてきたせいで、すぐにばったり倒れて死んでしまいました。

覚えておきたいフランス語表現

① C'est pourquoi 「こうした理由で・このようなことで」

> C'est pourquoi on lui donna le nom de Blanche-Neige.
> (p.66, 下から3行目)
> そのようなわけで白雪姫と名づけられました。

　理由はすでに前述されていて、結論のみ述べる、結びの文を導入する時に使います。歴史的建造物のガイドをする時、何かの謂れを説明した時に使えますね。

② voir le jour 「日の目をみる」

> Et lorsque l'enfant eut vu le jour, la reine mourut.
> (p.66, 下から2行目)
> そしてその子が生まれたと同時に、お妃さまは亡くなってしまいました。

生物のみならず、製品、計画などにも使います。

　[例文] Enfin le nouveau jeu-video FJTwn vit le jour.
　　　　新しいゲームソフトFJTwnがやっと出た。

③ ne ... que 「〜しか」

> (...) car elle savait que le miroir ne disait que la vérité.
> (p.68, 下から5行目)
> なぜなら、鏡が真実しか語らないのを知っていたからです。

neがあると、否定形だと思われがちですが、これは"限定"のne ... que。

④ avoir envie de~ 「～が欲しい」

> Blanche-Neige <u>avait envie de</u> la belle pomme (...)
> (p.84, 3行目)
> 白雪姫はきれいなリンゴが欲しいと思いました。

avoirの基本構文のひとつです。他にはavoir besoin de+動詞/冠詞+名詞～「～が必要である・欲しい」avoir mal à+定冠詞+体の部位「～が痛い」などを覚えておくとよいでしょう。

[例文] J'ai besoin d'un dictionnaire français-japonais s'il vous plaît.　仏和辞典が欲しいのですが。

J'ai besoin de me reposer.　休む必要があります。

J'ai mal aux dents.　歯が痛いです。

⑤ changer d'avis 「気が変わる」

> (...) mais bientôt elle <u>changea d'avis</u> car sa jalousie ne pouvait l'empêcher d'aller voir la jeune reine. (p.92, 3行目)
> しかし、すぐにお妃さまは気が変わりました。なぜなら嫉妬深さのあまり、若いお妃さまがどんな方なのか見に行かずにはいられなかったからです。

直訳するとavisは意見・見解です。自分の考えや意見を述べる時（フランス語圏では "Quel est votre avis ?" とよく求められます）、" À mon avis, ..." と「私が思うに…」と始めます。

[例文] J'ai changé d'avis : ce soir, au lieu d'aller au cinéma, je reste à la maison.
気が変わったわ。今夜は映画を見に行かないで家にいます。

コラム　Belle-MèreとMarâtreの違いはなあに？

　西洋の昔ばなしに多いのが、"継母やその実子にいじめられる健気な継子"というパターンですね。
　『シンデレラ』をはじめとして、『美女と野獣』、『白雪姫』、『ヘンゼルとグレーテル』もこのパターンです。では、なぜこんなに多いのでしょう。ヒントは『白雪姫』の始まりにあるのかもしれません。

　　　　　Et lorsque l'enfant eut vu le jour, la reine mourut. (p.66, 下から2行目)

　この部分を逐語訳すると「そしてその子を生むのと引き換えに、お妃さまは亡くなってしまいました」。
　昔は、栄養不足、コルセットの強要、病理衛生や性に関する知識不足など様々な理由で、出産で命を落としたり、無事に出産できても、産褥(さんじょく)までや出産を機に亡くなる女性は少なくなく、その結果として"子育てをまかせるため・家政を任せるための女手を得るため"に、再婚する男性が多かったようです。
　当然、その結果として、継母・継子関係が生じていくわけです。
　婚姻による義理の家族との関係を表す時は簡単です。形容詞のbeau(x)/belle(s)を名詞の前につけるだけです。例えば義兄弟はbeau-frère、義姉妹はbelle-sœur、義父はbeau-père、義母はbelle-mère、義理の両親はbeaux-parentsです。
　物語の中では、当初、継母にはmarâtre、婚姻による義理の母＝姑にはbelle-mèreは区別するために使われていましたが、物語に出てくるmarâtreには悪役が多いせいか、悪いイメージが定着してしまい、使われなくなりました。今では、自分の父親の再婚相手＝継母も、自分自身の結婚相手の母親も、みんなbelle-mèreです。
　さらに。
　ご存じの通り、フランスの婚姻事情は非常に自由(リーブル)*どころかcomposé**（複合化）というかrecomposé***（再複合化）になりましたので、今や「（片）親違いの兄弟・姉妹＝どちらか一方の親で血のつながりがある」demi-frère, demi-sœurといった表現の他に、「一緒に育った兄弟・姉妹（まったく血のつながりがない・親が再婚者同士で一緒に育った）」quasi-frère, quasi-sœurという表現も生まれています。
　人々の暮らしにあわせて、言葉が生まれ、現象となり、社会を変え、そして、法律を変えていく。つくづく、フランスって、生きている国なんだなと思います。

　　*　　婚姻自体していないことも多い。
　　**　 親同士が子供を持つ家庭
　　***　子連れ同士が家庭を持つ

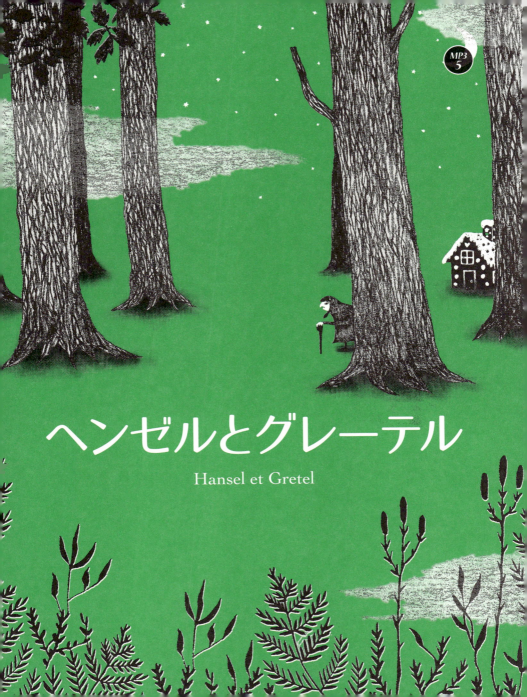

Dans une grande forêt vivait un bûcheron, son épouse et ses deux enfants. Le garçon s'appelait Hansel et la fille Gretel. La famille était pauvre. Il arrivait souvent que le pain leur manquât.

Alors que le bûcheron faisait sa prière du soir en cherchant une solution à ses problèmes, il soupira et parla à sa femme :

« Qu'allons nous devenir ? Comment pouvons-nous nourrir nos pauvres enfants alors que pour nous-mêmes nous n'avons plus rien ?

— Sais-tu quoi mon époux ? répondit sa femme, nous conduirons tôt demain les enfants dans la forêt, là où elle est la plus dense. Nous y ferons du feu et nous donnerons à chacun un morceau de pain. Puis nous irons travailler en les laissant seuls. Ils ne trouveront plus le chemin de la maison et nous en serons débarrassés. »

Le père résista, mais sa femme finit par le convaincre.

昔々、大きな森にきこりの夫婦とふたりの子どもが暮らしていました。子どもは男の子と女の子で、兄の名前はヘンゼル、妹はグレーテルといいました。一家は貧しく、日々のパンにこと欠くこともしょっちゅうでした。

　ある晩、きこりは夜の祈りを捧げながら、どうすれば暮らしがよくなるだろうと考えていましたが、ふとため息をつくと、おかみさんに言いました。

　「この先、おれたちはどうなるんだろう？　どうやったら子どもたちを食べさせていけるんだろう？　おれたちが食べる分さえもう何もないっていうのに……」

　「なら、おまえさん、いいことがあるよ」おかみさんは答えました。「明日の朝早く、子どもたちを森に連れていくんだ。一番奥の深いところにさ。そこでたき火をするんだ。パンをひと切れずつ渡しておいてね。それからあたしらは仕事に出かけて、あの子たちだけ置き去りにするんだよ。帰り道なんてわかりゃしないから、これでやっかい払いができるというものさ」

　きこりは「そんなことはできない」と反対しましたが、最後には言いくるめられてしまいました。

Les pauvres enfants qui, affamés, ne s'étaient pas endormis, avaient entendu ce que leur belle-mère avait dit à leur père. Gretel pleurait des larmes amères et dit à Hansel :

« Qu'allons-nous devenir ?

— Calme-toi Gretel, dit Hansel, ne t'inquiète pas, sois rassurée et endors-toi en paix, le bon Dieu ne nous abandonnera pas. »

Il attendit que les parents s'endormissent. Puis, il se leva tout doucement, enfila sa chemise, ouvrit la porte et se faufila dehors. Hansel emplit ses poches de petits cailloux blancs jusqu'à ce qu'elles en débordent. Puis il rentra et il s'allongea dans son lit.

「かいゆう」。最後は「うっ」と詰まる感じです。

いっぽう、かわいそうなヘンゼルとグレーテルはお腹がすいて寝つかれなかったので、この話をすっかり聞いてしまいました（今のお母さんは、まま母でした）。グレーテルは悲しみのあまりしくしく泣きだして、ヘンゼルに言いました。
「わたしたち、どうなっちゃうの？」
「落ち着くんだ、グレーテル。心配いらないよ。安心してぐっすりお休み。神さまはぼくたちを見捨てたりしないから」

　そう言うと、ヘンゼルはお父さんとまま母が眠ってしまうのをじっと待ちました。それから、そっと起き上がってシャツを着ると、戸を開けてこっそり外に出ていきました。そうして、白い小石を拾ってはシャツのポケットに入れていきました。やがて、ポケットは小石でいっぱいになりました。そこで、ヘンゼルはようやく家に戻ってベッドに横になりました。

H04

①Le lendemain matin, leur belle-mère vint les réveiller comme si de rien n'était et leur annonça : « Levez-vous, paresseux, nous devons aller dans la forêt chercher du bois. » Puis elle donna à chacun un morceau de pain : « Vous avez ainsi de quoi manger pour le déjeuner, ne le mangez pas avant car vous n'aurez plus rien après. » Gretel prit les deux morceaux de pain qu'elle mit dans sa blouse car les poches de Hansel était pleines de cailloux. Toute la famille se mit alors en route pour la forêt. Hansel fermait la marche ; et, en faisant bien attention de ne pas être vu par ses parents, il jetait régulièrement un caillou blanc sur le chemin.

H05

Une fois arrivé au milieu de la forêt, le père dit :
« Les enfants, allez ramasser du bois. Je vais vous faire un feu pour que vous n'ayez pas froid. »
Hansel et Gretel ramenèrent quelques fagots. Quand les flammes s'élevèrent, la femme dit :
« Mettez-vous près du feu les enfants, reposez-vous. Nous, nous allons dans la forêt couper du bois. Lorsque nous en aurons fini, nous reviendrons vous chercher. »

音読のつぼ

ここでは鼻母音の練習をしましょう。どこの筋肉を使うか、できれば鏡を使いながら、最初は大げさにやってみてください。最初の母音字の口の形をしながら「ん」と口を閉じるイメージです。頬が凹んだり、顎が微妙に前に突き出したり、(→ p.104 に続く)

次の朝、まま母が何食わぬ顔で起こしにやってきました。「起きるんだよ、怠け者。今日はみんなで森に薪を集めにいかなきゃいけないからね」そして、ヘンゼルとグレーテルにパンをひと切れずつ渡すと、こう告げました。
　「さあ、ちゃんと昼の分を渡してやったよ。あとはもう何もないから、それまで食べるんじゃないよ」グレーテルはヘンゼルの分もパンを受け取って、前かけの中に入れました。ヘンゼルのポケットは小石でいっぱいだったからです。こうして、一家は森へと向かいました。ヘンゼルは一番後ろからついていきました。そして、お父さんとまま母に気づかれないように注意しながら、通った道に白い小石を一つ、また一つと落としていきました。

　やがて森のずいぶん奥まで来ると、お父さんが言いました。
　「おまえたち、枝を拾ってきておくれ。こごえないようにたき火をするから」
　言いつけどおり、ヘンゼルとグレーテルは枝を集めました。集めた枝から炎が上がると、まま母が言いました。
　「ふたりとも、火のそばにいるんだよ。ちょっと休んでるといいさ。あたしたちは森に木を切りにいくからね。終わったら迎えにきてやるよ」

ヘンゼルとグレーテル

Hansel et Gretel s'assirent près du feu et lorsque midi fut venu, ils mangèrent chacun le petit morceau de pain. Comme ils entendaient les coups de la cognée, ils pensaient que leur père n'était pas loin. Mais ce n'était pas les coups de la cognée, c'était une branche que leur belle-mère avait attachée à un arbre mort et que le vent balançait de-ci, de-là. Comme ils étaient assis depuis un long moment, le sommeil les surprit et ils s'endormirent.

Lorsqu'ils s'éveillèrent, la nuit commençait déjà à tomber. Gretel se mit à pleurer et dit :

« Comment allons-nous faire pour rentrer ?

— Attends un peu que la lune se lève, nous② retrouverons notre chemin, compte sur moi. » lui dit Hansel pour la rassurer.

Et en effet, quand la lune fut bien haute, Hansel prit sa sœur par la main et suivit les cailloux blancs qu'il avait semés. Ils scintillaient au clair de lune comme des pièces d'argent et leur montraient le chemin. Ils marchèrent toute la nuit et arrivèrent vers l'aube devant la maison de leur père.

音読のつぼ

（→ p.104 から続く）唇が U の字になったりまんまるになったりしませんか？(ien だけは「いやん」)。n か m からは発音上は変わりませんが次にくる字が " b / m / p " の時には必ず m の方を使うというルールがあります(bonbon など例外が 7 つあります)。

ヘンゼルとグレーテルは火のそばに腰をおろし、昼になると、小さなパンのかけらを食べました。あたりには斧で木を切る音が響いています。だから、てっきりふたりは「お父さんが近くにいるんだ」と思っていました。けれども、それは本物の斧の音ではありませんでした。まま母が枯れ木に結んだ枝が立てる音だったのです。風であちこち揺れるたび、枝がぶつかって音を立てていたのです。そうとは知らず、ヘンゼルとグレーテルは長いこと座って待っていました。あんまり長かったので、ふたりとも眠くなり、いつしか眠ってしまいました。

　目を覚ますと、もう日が暮れようとしていました。グレーテルはしくしく泣きだして言いました。
　「わたしたち、どうやって帰ればいいの？」
　「もうちょっと待ってて。お月さまがのぼるから。そうしたら帰り道がわかるよ。ぼくに任せて」そう言って、ヘンゼルはグレーテルを安心させました。
　その言葉どおり、月が高くのぼると、ヘンゼルはグレーテルの手を引いて歩きだしました。朝に落としていった白い小石をたどりながら……。小石は月の光に照らされて、まるで銀貨のようにきらきらと輝き、道を教えてくれました。ふたりは一晩中歩きつづけ、夜明け頃、家の前へとたどり着きました。

Quand les deux enfants frappèrent à la porte, ce fut le père qui leur ouvrit.Il était réjoui car il s'en voulait déjà de les avoir abandonnés et il n'avait pas dormi de la nuit. Mais quelle surprise pour la belle-mère ! Or, elle dissimula bien ses sentiments et leur dit simplement : « Mes enfants, nous étions si inquiets ! »

Mais la nuit-même, les enfants entendirent de nouveau la belle-mère parler à son mari dans son lit. L'affreuse femme lui faisait des reproches :

« Nous aurions dû les emmener plus loin dans la forêt ! C'est ce que nous allons faire demain, afin qu'ils ne puissent plus retrouver le chemin du retour ! » Son mari s'y opposa, mais comme pour la première fois, elle finit par le convaincre.

p.102 の鼻母音のつづきです。"in" は「いー」の口の形をしながら、「あん」と言ってください。

戸をたたくと、お父さんが戸を開けてくれました。お父さんはとても嬉しそうでした。というのも、実はお父さんは子どもたちを森に置き去りにしたことを後悔していて、夜通し眠れなかったのです。けれども、まま母にとっては、これは嬉しくない驚きでした。それでも、そんな気持ちを隠してまま母は言いました。「ああ、子どもたち、どれだけ心配したことか」

　ところがその夜、ヘンゼルとグレーテルはまま母がベッドでお父さんに話しているのをまた聞いてしまいました。意地悪なまま母はお父さんをなじりながらこう言っていたのです。
　「森のもっとずっと奥に、あの子たちを連れていかなきゃいけなかったんだ。明日はちゃんと奥深くまで連れていこう。今度こそ帰り道を見つけられないようにするんだよ」
　お父さんは反対しましたが、昨日の夜と同じで、やっぱり最後には言いくるめられてしまいました。

Tandis que les parents dormaient, Hansel se leva et voulut sortir pour ramasser des cailloux comme la fois précédente. Mais cette fois la femme avait fermé la porte à clé et Hansel ne put sortir. Il rassura sa sœur et lui dit :

« Ne pleure pas Gretel, dors tranquillement, le Bon Dieu nous viendra en aide ! »

Très tôt le matin, la femme vint réveiller les enfants. Ils reçurent leur morceau de pain encore plus petit que la dernière fois. Hansel eut l'idée de briser ce pain et de jeter les miettes sur le chemin à la place des cailloux.

Les parents emmenèrent les enfants dans la forêt, encore plus profondément que la dernière fois. Là ils firent un feu et ils les laissèrent en leur promettant de revenir le soir. Vers midi, Gretel partagea son pain avec Hansel qui avait éparpillé le sien sur le chemin. Puis ils s'endormirent. Ils se réveillèrent au beau milieu de la nuit. Hansel rassura sa sœur et lui dit :

avoir の活用形で、例外の「ゆ」です。

ヘンゼルは、お父さんとまま母が眠っているあいだに、起きあがりました。そして、昨日と同じように小石を集めるため、外に出ようとしました。ところが、今度はまま母が戸に鍵をかけていたので、外に出られません。それでもグレーテルを安心させようとして言いました。
「泣かないで、グレーテル。ゆっくり眠るんだ。きっと神さまが助けにきてくれるよ」

　次の朝早く、まま母が起こしにやってきて、パンのかけらをよこしました。昨日よりもさらに小さなかけらです。そのとき、ヘンゼルはひらめきました。〈このパンを細かくちぎって、そのパンくずを小石の代わりに道に落としていこう〉

　お父さんとまま母は、ヘンゼルとグレーテルを森に連れていきました。昨日よりもさらに奥深いところです。そしてたき火をすると、「夕方になったら戻ってくる」と約束して行ってしまいました。お昼になると、グレーテルは自分のパンをヘンゼルに分けてあげました。ヘンゼルは自分の分を全部道にまいてしまったからです。それから、ふたりは眠りました。目を覚ましたときには、もうとっぷりと日が暮れていました。ヘンゼルはグレーテルを安心させようとして言いました。

« Gretel, attends jusqu'à ce que la lune se lève, nous verrons les miettes de pain que j'ai semées : elles nous montreront le chemin de la maison. »

Lorsque la lune fut haute, ils se levèrent, mais ils ne trouvèrent aucune miette de pain, car les oiseaux les avaient picorées. Hansel et Gretel marchèrent toute la nuit et toute la journée et encore du matin au soir mais ils ne purent trouver la sortie de la forêt.

Ils commençaient à se décourager quand soudain ils virent un bel oiseau blanc perché sur une haute branche. L'oiseau leur lançait de si belles trilles qu'ils restèrent à l'écouter. Lorsqu'il eut fini, il étendit ses ailes et se mit à voleter autour d'eux. Les enfants le suivirent jusqu'à ce qu'ils arrivent à un cabanon sur le toit duquel il se percha. Lorsqu'ils s'approchèrent, ils virent que le cabanon était fait de pain d'épice, que le toit était fait de gâteaux, les fenêtres de sucre transparent.

「グレーテル、お月さまがのぼるまで待ってて。まいたパンくずが見えるから。そうしたら、家に戻る道がわかるよ」

やがて月がのぼると、ふたりは立ち上がって歩きだしました。けれども、パンくずが一つも見えません。実は、森の鳥たちが一つ残らずついばんで食べてしまっていたのです。ヘンゼルとグレーテルは一晩中歩きました。夜が明けると一日中歩きました。次の日も朝から晩まで歩きました。けれども、森の外に出ることはできません。

だんだんとくじけそうになってきたそのとき、不意に、高い枝にきれいな白い小鳥がとまっているのが目に入りました。小鳥はルルルとさえずっています。その歌声があまりに美しかったので、ふたりは思わずじっと耳を傾けました。歌い終わると、小鳥は翼を広げ、ふたりのそばを飛びはじめました。小鳥が飛んでいくそのあとを追いかけていくうちに、ふたりは小さな家にたどり着きました。小鳥は家の屋根にちょこんととまります。近づいてみると、その小さな家は壁がパン・デピスでできていました。屋根はバターケーキやクッキー、窓は透きとおった飴でできています。

« Voilà où nous pouvons nous installer, dit Hansel, et avoir un repas béni. Je veux bien manger un morceau de toit, Gretel, tu peux manger la fenêtre, c'est en sucre ! »

Hansel se hissa sur le toit et ramena un peu du faîtage pour le goûter, tandis que Gretel se tenait près de la fenêtre et la grignotait.

Alors retentit une petite voix et qui venait du cabanon.

« Grignotti, grignotti, qui grignote ma maison ? »

Les enfants répondirent :

« Le vent, le vent, la brise légère. »

Et ils mangeaient sans s'arrêter, ni se laisser distraire. Soudain la porte s'ouvrit et une très vieille femme apparut, appuyée sur une canne. La vieille femme s'exclama :

« Hé ! mes enfants, d'où venez-vous ? Entrez et restez chez moi, il ne vous arrivera rien. »

「ほら、住まわせてもらえそうなところがあったよ」ヘンゼルは言いました。「ごちそうも食べられそうだ。ぼくは屋根をちょっと食べてみる。グレーテルは窓を食べるといいよ。砂糖でできてるから」

ヘンゼルは屋根にのぼると、お菓子の屋根を少しとって降りてきました。グレーテルのほうは、窓のそばに行くと飴でできた窓をかじりはじめました。

そのときです。家の中から優しげな声がしてきました。
「ガリガリ、ボリボリ音がする。わしの家をかじるのは誰かね？」
「風です、風です、やさしいそよ風」ヘンゼルとグレーテルは答えました。
そしてそのまま手を止めることなく、せっせと食べつづけました。すると、突然家の扉が開いたかと思うと、たいそうな年のおばあさんが杖をつきながら出てきました。
「おやまあ！　かわいい子どもたち、どこから来たのかね？　中に入って休んでおいき。なぁに、何も起こりゃしないから」おばあさんは大きな声で言いました。

Elle les attrapa tous les deux par la main et les entraîna dans sa maison. Un bon repas y était dressé : du lait, des crêpes avec du sucre, des pommes et des noisettes. Enfin un bon lit les attendait, avec des draps bien blanc. Hansel et Gretel s'y enfilèrent en rêvant qu'ils étaient au Ciel…

La vieille s'était faite amicale, mais en fait, c'était une méchante sorcière qui avait tendu un piège aux enfants en construisant une maisonnette en pain d'épice, uniquement pour attirer les enfants. Une fois sous son pouvoir, elle les tuerait, les cuirait et les mangerait comme pour un jour de fête.

Les sorcières ont les yeux rouges, ne peuvent pas voir loin, et ne remarquent pas quand un être humain approche, mais elles ont un odorat très fin comme les animaux. Lorsque Hansel et Gretel s'étaient approchés d'elle, elle avait souri méchamment et s'était dit : « Je les tiens, ils ne doivent pas m'échapper ! »

そして、ふたりの手をつかむと家の中に引き入れました。家には、おいしそうなごちそうが並んでいました。ミルクや砂糖のかかったクレープ、リンゴにヘーゼルナッツもあります。おまけに、真っ白なシーツがかかったベッドまで用意されていました。ヘンゼルとグレーテルは、まるで天国にいるみたいだと思いながらベッドにもぐりこみました。

　さて、おばあさんは親切そうにしていましたが、実は恐ろしい魔女でした。お菓子の家を作ったのも、目的はただ一つ、子どもたちをおびき寄せるためだけでした。そうやって子どもたちを罠にかけていたのです。そうして、ひとたび子どもが自分の手に落ちれば、子どもを殺し、料理して食べてしまうのです。まるでお祝いの日のごちそうのように……。

　ところで、魔女というのは赤い目をしていて、遠くを見ることができません。だから、人間が近づいてきても目では気がつきません。けれども、代わりにまるで動物のようによくきく鼻を持っています。そういうわけで、ヘンゼルとグレーテルがお菓子の家に近づいてきたときも、魔女は意地悪く笑いながら、こう思っていました。「ヒッヒッヒ、あの子らをつかまえてやる。絶対に逃がしゃしないよ！」

H19 Le lendemain matin, à peine les enfants réveillés, elle se leva aussitôt, elle se murmura à elle-même : « Cela fera un bon déjeuner. » Puis elle saisit Hansel de ses mains raides et l'enferma dans une pièce derrière une porte à barreaux. Il pouvait crier autant qu'il le voulait mais c'était inutile.

H20 Puis elle alla vers Gretel, la réveilla en hurlant :
« Debout, feignasse, va chercher de l'eau et fais cuire quelque chose de bon pour ton frère, il est assis dehors dans l'étable et doit prendre du poids. Quand il sera bien gras, je pourrai le manger. » Gretel se mit à pleurer amèrement ; mais tout cela était inutile, elle devait faire ce que la méchante sorcière lui avait ordonné.

H21 La meilleure cuisine fut alors préparée pour Hansel, tandis que pour Gretel on ne servait que des carapaces d'écrevisses. Chaque matin, la vieille se pressait jusqu'à l'étable et criait :
« Hansel, passe ta main par les barreaux que je vois si tu es bien gras. »

翌朝、ヘンゼルとグレーテルがまだすっかり目を覚まさないうちに、魔女はさっさと起きだしました。それから、「これはおいしい料理になりそうじゃわい」そう言って、骨張った手でヘンゼルをつかむと、家畜小屋に運び、鉄格子のついた扉の向こうに閉じ込めてしまいました。どんなに泣き叫ぼうとどうにもなりません。

　それがすむと、魔女はグレーテルのところに戻り、身体を揺すって怒鳴りつけました。
　「起きるんじゃ、この怠け者。さっさと水をくみにいって、家畜小屋にいる兄さんにおいしいものを作ってやらんか。あれには、たっぷりと肉をつけてもらわにゃならんからな。丸々と太ったところで、食ってやるんじゃ」グレーテルは悲しくて泣きだしました。けれども、どれだけ泣いてもどうにもなりません。意地悪な魔女の言いつけを守るしかありませんでした。

　こうして、ヘンゼルには毎日素晴らしいごちそうが用意されましたが、その一方で、グレーテルにはザリガニの殻しか与えられませんでした。そして魔女はといえば、毎朝、家畜小屋にそそくさと向かっては、大声でこう言っていました。
　「ヘンゼルや、柵から手をお出し。お前がちゃんと太ったかどうか見せておくれ」

Hansel lui glissait alors un vieil os et la vieille qui n'y voyait presque pas, pensait que c'était un doigt de Hansel et s'étonnait de ce qu'il ne voulait pas engraisser. Quatre semaines passèrent, Hansel était toujours aussi « maigre ». La vieille, à bout de patience, ne voulait plus attendre.

« Gretel ! appela-t-elle, Que Hansel soit gras ou pas, demain je le tue et je le cuis. »

La pauvre Gretel pleurait toutes les larmes de son corps.

« Mon Dieu, aide-nous donc ! supplia-t-elle. Si au moins les bêtes sauvages nous avaient dévorés, on serait morts ensemble !

— Épargne-nous tes sanglots, ça ne sert à rien. » dit la vieille sorcière.

そう言われると、ヘンゼルはいつも指の代わりに食べ残しの骨を見せていました。けれども、魔女は目がよく見えないので、その骨をヘンゼルの指だと思いこみ、いつまでたってもヘンゼルが太らないことに驚いていました。ひと月たっても、ヘンゼルはやっぱりや･せ･っ･ぽ･ち･のままでした。とうとう魔女はしびれを切らし、もう待たないことにしました。

「グレーテル！　ヘンゼルが太っていようがいまいがもう構わん。明日、あいつを殺して料理してやる」
　かわいそうに、グレーテルは涙がかれそうなほどおいおいと泣きました。
「ああ、神さま、どうかわたしたちをお助けください。せめて森で獣に食べられていたら、わたしたち、一緒に死ぬこともできたのに」
「まったく、めそめそするんじゃないよ。泣いたところで、どうにもなりゃしないだろうが」魔女は言いました。

ヘンゼルとグレーテル

Le lendemain matin, Gretel sortit pour remplir un seau, suspendit un chaudron dans la cheminée et alluma le feu.

« Nous allons d'abord faire du pain, dit la vieille. J'ai déjà chauffé le four et pétri la pâte. Gretel, penche-toi et vois si le four est suffisamment chaud afin que nous puissions y enfourner le pain. »

En effet, de grandes flammes sortaient déjà du four. En fait, la véritable intention de la méchante sorcière était de pousser Gretel dans le four lorsqu'elle serait assez proche pour la faire rôtir et de la dévorer.

例外で「おんふぇ t」と最後の "t" を軽く読みます。

次の朝、グレーテルは水をくみにいくと、暖炉に鍋をつるして、火をつけました。すると、魔女が言いました。
「まずはパンをこしらえるとしよう。かまどはもう温めてあるし、生地も練ってある。グレーテル、ちょっとかがんで様子を見ておいで。ちゃんとパンが焼けるくらい、かまどが熱くなっているかどうか見てくるんじゃ」

　かまどからは大きな炎が上がっていました。実は、魔女はグレーテルがかまどに近づいたら、うしろからドンと押してかまどの中に閉じ込め、こんがり焼いて食べてしまおうと企んでいたのです。

Mais Gretel qui était une fille intelligente et courageuse, devina vite la pensée de la sorcière.

« Je ne sais pas comment faire pour ouvrir et entrer dedans !

— Oie stupide ! dit la vieille, la porte est facile à ouvrir et assez grande pour y entrer, ne vois-tu pas que même moi je peux y passer ! » affirma-t-elle en rampant et en passant la tête dans le four.

Aussitôt Gretel lui donna alors un bon coup dans le dos, si bien que la méchante sorcière bascula dedans. Gretel referma la porte en fer et tira le verrou.

« Arrh ! Arrh! » la vieille sorcière poussait des cris horrible ; Gretel se boucha les oreilles et quitta le lieu en courant. Elle alla tout droit vers son frère, lui ouvrit l'étable et lui cria :

« Hansel, nous sommes libres, la vieille sorcière est morte ! »

けれども、グレーテルは賢くて勇気のある女の子でしたから、すぐに魔女の企みを見抜いて言いました。
「どうやって、かまどを開けて中に入ればいいんでしょう」
「まったく、まぬけな娘じゃわい」魔女が言いました。「扉なんて簡単に開くし、中は広いから十分入れるじゃろうが。わしでさえ入れるのに、わからんのか、ほら」魔女は這いつくばうようにして、かまどの中に頭を突っこみました。
　そのときです。グレーテルは魔女の背中を力いっぱい押しました。押された魔女はかまどの中へと転がっていきました。グレーテルは急いで鉄の扉を閉めると、かんぬきをかけました。
「ぎゃー！」魔女は断末魔の叫びをあげていました。グレーテルは耳をふさいで、かまどの前から走り去りました。そして、ヘンゼルのもとにまっすぐ駆けていくと、家畜小屋の戸を開けて叫びました。
「ヘンゼル、わたしたち助かったの！　魔女のおばあさんは死んだの！」

Comme ils étaient heureux en tombant dans les bras l'un de l'autre ! Ils en sautèrent de joie ! Ils se dirigèrent vers la maison de la sorcière puisqu'ils n'avaient plus à la craindre. Ils trouvèrent des perles et des pierres précieuses dans tous les recoins de la cabane.

« C'est bien plus beau que des cailloux. » déclara Hansel en remplissant ses poches. Puis Gretel dit : « Je veux aussi rapporter quelque chose à la maison. » Et elle remplit aussi son tablier.

« Partons maintenant, ordonna Hansel, sortons de cette forêt maléfique. »

ふたりは固く抱きしめあいました。あんまり幸せだったので、ふたりは手を取りあうと、喜び勇んでぴょんぴょんと跳ねまわりました。それから、ふたりして再び魔女の家へと向かいました。なんと言っても、もう怖いものなどないのですから。魔女の家にはすみずみに真珠や宝石がありました。

　「小石よりずっときれいだよ」そう言って、ヘンゼルはポケットいっぱいに真珠や宝石を詰め込みました。グレーテルも「わたしもお家に何か持って帰るわ」と言って、前かけをいっぱいにしました。やがて、ヘンゼルが言いました。
　「そろそろ出よう。こんな不吉な森は抜けだすんだ」

Mais après deux heures de marche, ils arrivèrent près d'une rivière.

« Nous ne pouvons pas traverser, affirma Hansel, je ne vois ni passerelle ni pont.

— Il ne passe aucun bateau non plus, renchérit Gretel, mais je vois un canard blanc, si je le lui demande il nous aidera à traverser. » Et elle appela :

« Canard, canard attentionné,

Gretel et Hansel n'ont ni passerelle, ni pont

Sur ton dos fais-nous passer. »

Le canard s'approcha. Hansel s'installa sur son dos et pria sa sœur de le rejoindre et de s'asseoir près de lui.

« Non, répondit Gretel, ce sera trop lourd pour le canard, il doit nous faire passer l'un après l'autre. »

「きゃな r −」と「か」と「きゃ」の間の発音です。

ところが、二時間ほど歩いていると、川につきあたってしまいました。
「これじゃあ渡れないよ」ヘンゼルは言いました。「石の橋も木の橋も、橋が一つもないんだから」
「渡し船も通ってないわ」グレーテルも言いました。「あら、でも、白いカモが泳いでる。お願いしたら、渡るのを助けてくれるんじゃないかしら」
　そこで、グレーテルは白いカモに呼びかけました。
「カモさん、カモさん、優しいカモさん、
　ここには橋がないのです。
　どうかあなたの背中に乗せて、川を渡らせてくださいな」
　カモはさっそく来てくれました。ヘンゼルがまず乗って、グレーテルにもそばに座るように言いました。
「だめだめ。そんなことをしたら、カモさんには重すぎるわ。ひとりずつ渡してもらいましょう」グレーテルは答えました。

Le bon canard s'acquitta bravement de sa tâche. Lorsqu'ils furent passés et qu'ils eurent fait un bout de chemin, la forêt se fit de plus en plus familière et soudain, ils aperçurent la maison de leur père. Ils se mirent alors à courir, se précipitèrent à l'intérieur, et sautèrent au cou de leur père. Depuis qu'il avait abandonné ses enfants dans la forêt, l'homme était malheureux. Sa femme n'était plus là, elle était morte.

Gretel secoua son tablier pour en faire tomber les perles et les pierres précieuses qui se répandirent dans la cuisine, pendant que Hansel en jetait poignée après poignée de ses poches. Tous les soucis prirent fin et ils purent vivre heureux ensemble.

親切なカモは、立派に渡し役をつとめてくれました。こうして、ヘンゼルとグレーテルは無事に向こう岸に渡り、その後もしばらく道を歩いていきました。そのうちに、森がだんだんと見覚えのある景色になってきました。と、突然、自分たちの家が見えてきて、ふたりは走り出しました。そうして家の中に飛びこむと、お父さんの首に飛びつきました。お父さんは、子どもたちを森に置き去りにしてからというもの、つらい毎日を送っていました。まま母のほうはもうどこにもいません。死んでしまっていたのです。

　グレーテルは前かけを振って真珠や宝石を落としました。真珠や宝石が台所の床に広がっていきます。ヘンゼルもポケットの真珠や宝石をつかんでは、次々と出していきました。これで心配ごとはもうひとつもありません。ヘンゼルとグレーテルは、お父さんと親子三人でずっと幸せに暮らしました。

覚えておきたいフランス語表現

① comme si de rien n'était 「なにくわぬ顔をして」

> Le lendemain matin, leur belle-mère vint les réveiller comme si de rien n'était (…) （p.102, 1行目）
> あくる日の朝、継母はヘンゼルとグレーテルを、なにくわぬ顔で起こしにやってきました。

この表現は必ず直説法半過去形で使われます。

② compter sur~ 「～を頼りにする」

> (…) nous retrouverons notre chemin, compte sur moi.
> （p.104, 下から9行目）
> 僕たちちゃんと帰り道をみつけられるよ、僕にまかせておいて。

Compter sur ～は時制によって実にいろいろな使われ方があるので、日本語訳で混乱しないように、活用をしっかり覚えておきましょう。特に直説法現在形と命令法、それと pouvoir を使った構文に注意です。

③ du matin au soir 「朝から晩まで」

> Hansel et Gretel marchèrent toute la nuit et toute la journée et encore du matin au soir (…) （p.110, 6行目）
> ヘンゼルとグレーテルは一晩中と一日中、そしてまたあくる日の朝から晩まで歩き続けました。

④ épargner~ 「～を免じる・免除する」

> Épargne-nous tes sanglots (…) （p.118, 下から2行目）
> お前の涙は勘弁しておくれ。

まさに「血も涙もない」魔女の発言ですが、"私の前で泣くのはよしておくれ"といういらつき感が出ている語の選択です。本来はお祈りの言葉に出てくるような言葉だと思ってもよいでしょう。

他に、貯金する、の意味があるのも面白いですね。

⑤ ne servir à rien 「用をなさない・役に立たない」

> (...) ça ne sert à rien. (p.118, 下から2行目)
> なんの役にも立たないよ。

フランスではよく使われる言葉なので覚えておきましょう。よく ça ne sert à rien de+動詞の構文を使います。

[例文] Ça ne sert à rien de téléphoner au mois de juillet chez l'électricien, il est en vacances !
7月に電気屋に（修理のための）電話を掛けたって駄目だよ、ヴァカンスに行ってるよ！

⑥ sauter au cou de~
「（多くは喜びのあまり）誰かの首に飛びつく」

> (...) et sautèrent au cou de leur père. (p.128, 6行目)
> （ヘンゼルとグレーテル）は父親の首に飛びつきました。

比喩的表現ではなく、本当に飛びつくことがあります（首ではなく、さいわい肩に、ですが）。相手の頭が自分の頭の横に来ますので（つまり頬がくっつく）、密着して、「なるほど、これが首に飛びつく状態か」と妙に納得したことがあります。頬にキスする、というのも embrasser (en-bras-ser=腕の中にいだく) ですから、抱き合うこと＝頬がつく＝ことが多く、唇を頬につけることはあまりありません。耳元でキスの音をさせることが多かったです。

コラム 実際に住めるスケールのお菓子の家は本当に建てられるのか？

『ヘンゼルとグレーテル』を読んだ子どもなら一度は考える疑問ではないでしょうか。
うろ覚えなので恐縮なのですが、私の尊敬する塩野七生さんがその著書の中で、かのレオナルド・ダ・ビンチが当時のパトロンの命により、ある饗宴のアントルメとして「お菓子の建物」を作った時の様子を記してらしたと思います。なにぶん、1分の1スケールですから、いくら大貴族の邸宅でも屋内にはおけず、庭園に建設したものですから、ご想像の通り、大失敗。見張りをおいても、鳥や虫などの動物たちがこの甘くておいしいごちそうを見逃すはずがありません！ 追い払えど、追い払えど、たちまちのうちに、食べつくされ、当時は莫大な金額だった砂糖と香料を使ったお菓子の家は哀れな残骸となり、夢のアントルメは実現せずに終わったのでした。

今回お読みいただいたフランス語で楽しむ世界昔ばなし版「ヘンゼルとグレーテル」のお菓子の家は「パン・デピスでできて」います。翻訳者の坂田雪子さんと相談して、あえてここは"パン・デピス"(直訳すると、スパイス入りのパン)のままにしておきましょう、と決めました。なぜかというと、原作のドイツ語の"レプクーヘン"(スパイスの入ったクッキー)はドイツの地方によって形状・硬さが異なるからなのです。クリスマス・ツリーに吊るせるようなサクッとしたクッキー状のもの(ちょうど、イギリスのジンジャーマンブレッドクッキーみたいなものですね！)もあれば、もっとしっとりとしたものもあるようです。

そしてフランスでも、実情は同じ。ドイツに隣接しているアルザスやロレーヌ地方のパン・デピスはレプクーヘンに似ているクッキー状のものもありますが、もう少し分厚い型ぬき状のもの、そしてケーキ状のものあります(アルザスには伝統業者による博物館も！http://www.paindepices-lips.com/musee/)。

さらに、パリや大きな都市だとケーキ形で切り分けて食べるかたちが多くなっていきます。ブルゴーニュ地方に南下していくとここもまたパン・デピスの特産地です。

レプクーヘンも、パン・デピスも、歴史は古く、もともとは僧院で作られていた滋養強壮の食べ物であったとか。確かに糖蜜にスパイス(ナツメグ、シナモン、クローブなど)は、当時も今も、薬でもあるのですから納得ですね。

ちなみに日本では「お菓子の家」という夢のある名で呼ばれていますが、同僚のフランス人たちに聞いてもヘンゼルとグレーテルの話を知ってはいても「"Maison en gâteaux" (お菓子でできた家)なんて聞いた覚えがないなあ」(ちなみにフランス語ではヘンゼルとグレーテルはジャノーとマルゴと名前が変えられていることもあります)と一様に首を傾げ、「やっぱり、そこはMaison de la sorcièreじゃないの？」と言われました。

ドイツ語話者にも、「お菓子のキットで見たけど、"ヘクセンハウス"にあったよ、魔女の家って意味でしょ？ お菓子の家じゃなかったよ」と言われました。

やっぱり、日本は夢があっていいなあ。

男＝男性名詞、女＝女性名詞

A
- à dessein　わざと
- advenir　起こる
  - ＊Il advient que~　~ということが起こる
- ahuri　仰天した
- aiguille（女）　針
- à bout de~　~が尽きて
- à la place de~　~の代わりに
- à la ronde　四方に
- à l'égard de~　~に対して
- à l'idée de~　~と考えると
- atour（男）（複数形で）装飾品
- attendri　ほろりとした、優しい
- avoir l'air　~のように見える

B
- balancer　揺り動かす
- belle-mère（女）　義母、まま母
- botte（女）　束
- brique（女）　れんが
- bûcheron(ne)　きこり

C
- caillou（男）　小石
- chair（女）　肉
- charmé de　~して嬉しい
- cheminée（女）　①暖炉　②煙突
- cognée（女）　斧
- comme d'habitude　いつものように
- contempler　~に見入る
- contrepartie（女）　代償、見返り
- cuivre（男）　銅

D
- de-ci, de-là　あちこちに
- démolir　ばらばらに壊す
- de nouveau　ふたたび
- dévorer　むさぼり食う
- digne de~　~にふさわしい

E
- échelle（女）　はしご
- effrayé　おびえた
- émerveillé　感嘆した
- en chemin　途中で

F
- faire un feu　たき火をする
- ferme（女）　農場
- fermer la marche　一番最後を行く
- fin　（形）鋭い
- finir par~　ついには~する
- fort　（形）強い　（副）たいそう

G
- géant(e)　巨人
- goutte（女）　一滴
  - ＊une goutte de~　わずかの~
- grimper　よじ登る

H
- habile　器用な、巧みな
- haricot（男）　インゲン豆
- heurter　~にぶつかる

I
- Il était une fois　昔々

ワードリスト

L
- logis（男）家

M
- marâtre（女）まま母
- méchant　意地悪な
- ménage（男）家事、掃除
- miette de pain　パンくず
- morceau（男）一片

N
- nain(e)　こびと
- ne tarder pas à~　すぐに~する
- nuage（男）雲

O
- odorat（男）嗅覚
- ogre（男）人食い鬼
- oie（女）①ガチョウ ②間抜け

P
- paille（女）わら
- paysan(ne)　農民（農婦）
- percher　（鳥が）とまる
- pièce d'argent　銀貨
- pièce d'or　金貨
- piège（男）罠
  - *tendre un piège　罠をしかける
- pierre précieuse　宝石
- point du jour　夜明け
- plonger　潜る
- plume（女）羽
- prendre garde à~　~に用心する
- présent（男）贈り物
  - *faire présent de A à B　AをBに贈る
- provocateur　挑発するような

- prudent　慎重な

Q
- quand bien même＋条件法　たとえ~でも

R
- ramasser　~を拾う、集める
- répliquer　言い返す
- ricaner　せせら笑う
- rien n'y fait　何をしてもむだだ
- rire aux éclats　大声で笑う
- rusé　悪賢い

S
- sang-froid（男）冷静
- s'assoupir　うとうとする
- s'empresser de＋不定詞　急いで~する
- s'en aller　立ち去る、帰る
  - *Va-t'en!　立ち去れ！
- s'en vouloir de~　~を後悔する
- se faufiler　うまく入り込む、もぐり込む
- se garder de~　~しないように気をつける
- se hisser　よじ登る
- se mettre à＋不定詞　~しはじめる
- se mettre en tête de~　~しようと決意する
- se moquer de~　~をばかにする
- se rendre à~　~に行く
- se répandre　広がる
- semer　~をまく
- si bien que　その結果
- solide　頑丈な、がっしりとした
- sorcière（女）魔女
  - *sorcier（男）魔法使い

- □ souffrir　〜を我慢する
- □ sournois　腹黒い
- □ stupeur（女）　呆然
- □ supplier　懇願する
- □ suspendre　吊るす

T
- □ tige（女）　茎
- □ tomber raide mort　ばったり倒れて死ぬ

V
- □ veiller sur　〜を見守る
- □ veuve（女）　未亡人
  ＊男性形はveuf

ワードリスト

Cinq petits contes en français
フランス語で楽しむ世界昔ばなし

2016年9月4日　第1刷発行

フランス語　　西村亜子
日 本 語　　坂田雪子　　加藤美季子

発 行 者　　浦　　晋亮

発 行 所　　IBCパブリッシング株式会社
　　　　　　〒162-0804 東京都新宿区中里町29番3号 菱秀神楽坂ビル9F
　　　　　　Tel. 03-3513-4511　Fax. 03-3513-4512
　　　　　　www.ibcpub.co.jp

印 刷 所　　株式会社シナノパブリッシングプレス

© IBC Publishing, Inc. 2016

Printed in Japan

落丁本・乱丁本は、小社宛にお送りください。送料小社負担にてお取り替えいたします。
本書の無断複写（コピー）は著作権法上での例外を除き禁じられています。

ISBN978-4-7946-0434-7